中国古瓷鉴定笔记

胎工艺篇

TAIGONGYIPIAN

姚江波／著

江西美术出版社
全国百佳出版单位

广西高校人文社会科学重点研究基地——西江流域民间文献研究中心资助项目

图书在版编目（CIP）数据

中国古瓷鉴定笔记·胎工艺篇 / 姚江波著. —南昌：江西美术出版社, 2019.1
ISBN 978-7-5480-6384-1

Ⅰ. ①中… Ⅱ. ①姚… Ⅲ. ①瓷器(考古)—鉴定—中国 Ⅳ. ①K876.34

中国版本图书馆CIP数据核字(2018)第224675号

出 品 人：周建森
责任编辑：王洪波　窦明月　滕斯钰
责任印制：谭　勋
装帧设计：梅家强　先鋒設計 PIONEER DESIGN

书　　名：中国古瓷鉴定笔记·胎工艺篇
著　　者：姚江波
出　　版：江西美术出版社
社　　址：南昌市子安路66号　邮编：330025
电　　话：0791-86565819
网　　址：www.jxfinearts.com
经　　销：新华书店
印　　刷：浙江海虹彩色印务有限公司
版　　次：2019年1月第1版
印　　次：2019年1月第1次印刷
开　　本：787×1092　1/16
印　　张：14.5
书　　号：ISBN 978-7-5480-6384-1
定　　价：78.00元

目录

Contents

本书使用方法

本书以直述鉴定要点为主，文字简练，兼顾学术性、常识性、趣味性，过于专业、不可操作、与收藏者无关的内容已回避，读熟之后，可与您收藏的彩釉瓷器进行对比：如，对应珍珠地在色彩上的异同，以及划花的装饰手法，看您的宝贝是否属于精致瓷器的范畴；观察纹饰的题材，以准确判定时代。对比彩釉瓷器的造型，着重看各个章节中有关彩釉器皿在造型上的实例，其造型多被限定在一定的范围之内，如瓶和枕等多见，之后再从细部入手，如对口部、唇部、沿部、腹部、底部、足部等特征，进行详细的解析，以从造型上达到鉴赏的目的。像这样的例子在本书中枚不胜举，纹饰、釉色、尺寸、化妆土、完残、窑口、原料、淘洗、粗细程度、杂质、夹砂胎等鉴定要点，交相辉映，互为依托，最终实现了诸多鉴定要点相互验证的目的。

另外本书具有以下三个特点：

一、本书的编写原则是：具体而细微地指导收藏爱好者由一件瓷器的细部（釉色、流釉、均匀、稀稠等）去鉴别古瓷器之真假、评估古瓷器之价值，力求做到使藏友读后由外行变成内行。

强调：实战性　指导性　工具性　学术性

体现：实用价值

二、本书从文物鉴定的角度出发，以科学考古发掘所出土的器物为依据，力求每一句话都以出土器物为佐证，将文物置于时代和社会历史大背景下来考虑，以确保本书的科学性、严谨性和可读性。

三、本书的写法分三步走：

①断定时代

②辨别真伪

③评判价值

这是收藏的三要素，缺一不可，整本书以此为线索，贯穿于每个章节，如，将价值划分为研究价值、艺术价值、经济价值，并详细介绍这三种价值之间的辨证关系，使读者真正领悟收藏，从收藏中受益。

本书的主要目的，是要通过瓷器釉质主要特征看到瓷器的全貌，从而使收藏者真正得到帮助。功能十分具体，收藏者在逛市场和到拍卖行时可以拿此书对比，这是新手和资深鉴赏家都很需要购买的书。（书中多数珍品为首次发表）

前言

QIANYAN

胎质是古瓷器的载体，同样胎工艺承载着古瓷器最为众多的技术水平及鉴定要点，如，从总量上看东汉晚期夹砂的瓷器已经不是很多，六朝瓷器与东汉晚期瓷器相比，基本很少见到瓷器夹砂的现象。本书力求将浩瀚的古瓷器史以浓缩的形式呈现给读者，将色釉瓷，黑瓷，钧瓷，白釉画花瓷，绞胎、三彩，珍珠地划花瓷，酱、褐、青白釉瓷，黄釉瓷，紫、缸胎、兔毫、油滴釉瓷等不同品类瓷器的鉴定依据以精练语言罗列成条目，在这些篇目之下，又有很多鉴定依据，如胎体篇就分为：原料、淘洗、胎色、粗细程度、夹砂胎、厚薄、胎釉、瓷化程度、缸胎、黑粒、露胎、气孔、杂质、起泡等，这些大大小小的鉴定依据环环相扣，互为依托，形成了一个规模庞大、总条目达上千条的图文图书，使纷繁复杂的古瓷器变得十分具体，充分体现了客观性、系统性、连贯性、对比性的编排，使读者一目了然。

本书以笔记体的方式层层剥开历史迷雾，力求通过以点带面的方式来揭开诸多瓷器品类在胎工艺上的前世今生，实际上瓷器在胎体上给予艺术的贡献极高，不亚于其他任何的白瓷特征，如，邢窑白瓷在胎质上洁白无瑕，具有玉质感,对应了白瓷在釉质上的“类雪似玉”，体现了“内外一致”的美感观念。一石激起千层浪，两指弹出万般音。自邢窑开始，一些名窑瓷器胎体开始固化，如，汝窑瓷器以灰为名贵，“香灰胎”色成为汝窑象征，同样北宋官窑和南宋官窑都是以灰胎为美；而另外一些趋势是，以民窑场为主体的瓷器在胎色上则向着更加多元化的方向发展，白、青、灰、褐、灰白、青灰、红褐、砖红、深灰、暗红、灰褐等色都有见。

总的来看，中国古代瓷器在胎工艺上进行了诸多的革新，尝试了不同烧造方法及胎体用料，以极低的价格烧制出了造型隽永的瓷器，诠释了“内外一致，身心一致”的文化内涵。历代瓷器在胎体上都出现了一些精品力作，影响十分深远，被历代收藏者所追逐；但自20世纪80年代之后，由于收藏热的兴起，优质胎体的瓷器受到收藏者的追捧。但在暴利的驱使下，作伪的器皿大量出现，鱼龙混杂，真伪难辨。本书从文物鉴定的角度入手，力求将错综复杂的问题简单化，直述鉴定要点，目的是能够通俗易懂，使读者看后能够断时代、辨真伪、评价值。以上笔记不足以涵盖所有瓷器，但研究笔记，日日更新，相信通过笔记不断出版，终能精卫填海。以上是本书所要坚持的，但一种信念再强烈，也不免会有缺陷，希望不妥之处，大家给予无私的批评和帮助。

上篇

色釉瓷

黑瓷

钧瓷

白釉画花瓷

第一章 色釉瓷

高岭土胎

背景信息：中国古代色釉瓷多以高岭土为料，这是由高岭土胎体延展性好、坚固、不变形等特点所决定的（图 1-1），中国古代色釉瓷在高岭土使用上占绝对优势地位。

▲图 1-1　选料优良高岭土胎钧瓷标本　宋代

鉴定要点：

1、从胎色上看，中国古代色釉瓷器在胎色上特征比较复杂，从宏观上看分化为两大格局，早期青、黑、白等瓷器在色彩上以多色为主，洁白、灰白、灰胎、香灰、青灰、灰黑、铁黑、橙色、橙红、红褐等色彩都有见。另一个格局是以明清时期大量出现的色釉瓷器，如洒蓝、豆青、冬青釉、郎窑红、黄釉等为主，多数色彩转向洁白胎，很少见其他色彩的胎体，我们在鉴定时应注意分辨。不同精致程度的高岭土料所对应的胎色在色彩纯正程度上略有差异，基本上是成正比的情况。

2、从时代上看，传统的青、黑、白、黄、褐等瓷器高岭土料在时代特征上比较复杂，总体来看唐宋时期达至鼎盛（图 1-2），元代质量开始有所下降；而以官窑烧造为主的绿釉、胭脂水、茶叶末釉、珊瑚红等瓷器，在时代特征上主要以明清时期为主，其他历史时期很少能见到如此无缺憾的瓷器。

▲图 1-2 高岭土胎蓝釉瓷罐 宋代

4、从精致程度上看，高岭土选料的色釉瓷器与精致程度有着密切的关联，优良程度高岭土料在色彩纯正程度上比较高，反之则逐渐降低，呈现出的是正比关系。其次是以实用器功能为主的青、白、黑等色釉瓷器在精致程度上比较复杂，优质、普通、粗质的高岭土料，通常对应的分别是精致、普通、粗糙的瓷器。以陈设装饰功能为主的蓝釉、孔雀绿釉、红釉、冬青釉、仿哥釉、仿汝釉等色釉瓷器所对应的高岭土料在精细程度上比较简单，以优质的高岭土料为显著特征，从时代上看以明清为主。

3、从窑口上看，早期高岭土料的青、白、黑等色釉瓷器在窑口特征上特征比较复杂，但主流是不同的窑口有着较为鲜明的特征，最典型的是汝窑青瓷器，以著名的“香灰胎”为显著特征，基本上所有汝窑青瓷都是“香灰”胎色，这一点很清楚。其他窑口虽然在色彩上不像汝窑那样的明确，但有其主流，如著名的邢窑精致白瓷在高岭土料的胎色上主要是以洁白胎色为显著特征。鉴定时应注意分辨。另外，明清时期高岭土料的蓝釉、孔雀绿釉、冬青釉、仿哥釉、仿汝釉等色釉瓷器在窑口特征上比较简单，以景德镇窑为显著特征，在质量上达到了较高的水平，色彩以洁白胎为显著特征。我们在鉴定时要注意分辨。

黏土料

背景信息：黏土是硅酸盐材料的一种，包括细泥料、泥质料、夹砂料、夹云母料、夹蚌料等，人们对于黏土材料的使用可以追溯到新石器时代，同样在色釉瓷胎体上也能少量看到，这一点显而易见。

鉴定要点：

1、从胎色上看，色釉瓷器黏土料在色彩上比较复杂，总的来看以橙、红、黄、褐等色调为显著特征，衍生性色彩十分复杂，如黄褐、橙红、红褐、橙黄等色彩。而洁白、灰、青等色比较少见。鉴定时应注意分辨。

2、从时代上看，色釉瓷黏土胎自瓷器产生之日就有，伴随中国古代色釉瓷之始终，但主要存在的时代应该是在六朝至元代，明清时期在数量上显然已经不占主流地位。

3、从窑口上看，早期青、黑、白、黄等瓷器在窑口特征上比较复杂，各个窑口都有见，如，邢窑白瓷当中有见黏土胎；耀州窑瓷器当中也有见黏土胎出现，只有具有官窑性质的窑口基本不见黏土胎。而蓝釉、孔雀绿釉、冬青釉、仿哥釉、仿汝釉等色釉瓷器在黏土胎上很黯淡，基本不见黏土胎的存在。

4、从精致程度上看，色釉瓷黏土胎的主流是精致、普通、粗糙者都有见（图1–3），但这一特征基本上针对的是早期青、黑、白、黄等传统色釉瓷器，而不包含明清时期以陈设装饰功能为主的蓝釉、孔雀绿釉、冬青釉、仿哥釉、仿汝釉等瓷器，鉴定时应注意分辨。

▲图1–3　精致橙红胎黏土料孔雀绿釉瓷盘　宋代

淘洗

背景信息： 淘洗是在选料之后的一道必需的工序，中国古代色釉瓷器胎体的淘洗特征鲜明，以实用器功能为主的青、白、黑等色釉瓷器，在淘洗上比较复杂，以精练为显著特征，但淘洗不精者时常有见。但以陈设装饰功能为主的蓝釉、孔雀绿釉、冬青釉、仿哥釉、仿汝釉等色釉瓷器则是精益求精为主流特征，淘洗不精练的情况很少见。

▲图 1-4 淘洗精练的汝窑“香灰胎”瓷器标本 宋代

鉴定要点：

1、从胎色上看，色釉瓷器的淘洗与胎色的关系主要体现在其纯正程度上，如邢窑精致白瓷的白胎在色彩上异常纯正，以纯白胎和雪白胎为显著特征；汝窑“香灰胎”在色彩稳定性上非常之好，几乎没有太大的变化（图 1-4）。以官窑为主的蓝釉、孔雀绿釉、冬青釉、仿哥釉、仿汝釉等色釉瓷器淘洗的精练程度与色彩基本上固定化到了一种，这就是洁白胎。鉴定时应注意分辨。

2、从原料上看，色釉瓷器原料与淘洗的关系较为密切，从出土和传世的器物来看，早期青、白、黑等色釉瓷器以优质的高岭土料为主，普通和粗糙高岭土料在淘洗上则有不同程度的下降，粗糙者更是这样。同样黏土胎及其他掺和料基本也是这样。以陈设装饰功能为主的蓝釉、孔雀绿釉、冬青釉、仿哥釉、仿汝釉等色釉瓷器与原料的关系基本固定化到了优质料一种情况。

3、从时代上看，不同时代的色釉瓷在淘洗上有较大的区别，早期比较复杂，六朝至元末基本都比较复杂，精练与粗略的情况都有见（图 1-5）。而只有到了明清时期以官窑为主以陈设装饰功能为主的蓝釉、孔雀绿釉、冬青釉、仿哥釉、仿汝釉等色釉瓷器在淘洗上统一为精练。鉴定时应注意分辨。

▲图 1-5　淘洗精练的洁白胎瓷器标本　清代

4、从窑口上看，中国古代色釉瓷器在淘洗上早期以实用器功能为主的青、白、黑等色釉瓷器比较复杂，精练、不精练等各种情况都有见；但明清时期景德镇窑将这些情况合并为一，几乎所有的瓷器在胎体淘洗上都是异常的精练。这可能与其官窑性质有着密切的关联。

5、从精致程度上看，淘洗与中国古代色釉瓷的精致程度有密切关系（图1-6），可以说以青、白、黑瓷器为代表的早期色釉瓷器，淘洗精练、普通、粗糙者都有见。但明清时期的多数色釉瓷器多数为淘洗精练者。

▲图 1-6　较为精致的孔雀绿釉瓷瓶　宋代

胎色

1、种类。中国古代色釉瓷在胎色上具有鲜明特征，常见的主要有洁白、灰白、青色、香灰、褐色、青灰、红褐、砖红、灰褐、黄褐等色，由此可见，中国古代色釉瓷在胎色上极为丰富，几乎是集大成之作，出现了众多的衍生色彩，但这显然还不是该时期色釉瓷器色彩的全部，反映了色釉瓷在胎色上向多元化发展的一个事实。但是从主流上看显然并不是这样，中国古代色釉瓷器的主流事实上主要向着单极化的方向发展，最终汇集到了以明清时期官窑为主的洁白胎色为主的单一色彩。我们先来看两则实例：

（1）洁白胎

背景信息：色釉瓷以洁白胎为最常见，绝大多数的蓝釉、孔雀绿釉、冬青釉、仿哥釉、郎窑红釉、仿汝釉等色釉瓷器都是洁白胎，并且是以传世品为主，在种类上占据主流地位，但在数量上并不占据主流地位。鉴定时应注意分辨。

▲图 1-7　色彩稳定的洁白胎茄皮紫釉瓷器标本　清代

鉴定要点：

①从胎色上看，洁白胎实际上也是一场视觉的盛宴，并非色版，只是色彩较纯正，稳定性比较强而已（图 1-7）。

②从造型上看，色釉瓷器在器物造型上几乎涉及所有造型，碗、盒、胡人、壶、罐、炉、碟、瓶、执壶等都常见，只是从大小上有区别，以小件器物为显著特征，这与多数不同种类的色釉瓷器为明清时期官窑瓷器有关。鉴定时应注意分辨。

③从时代上看，洁白胎的色釉瓷器在各个时代都有见，但在数量上差异性比较大，以明清时期为显著特征。

④从窑口上看，色釉瓷洁白胎者以著名的景德镇窑为显著特征，时代主要为明清时期，明清时期以前的洁白胎瓷器在数量上明显减少，呈现出反比的关系。

⑤从精致程度上看，洁白胎的色釉瓷器在精致程度上特征比较简单，基本上都是以精致为显著特征，普通的瓷器有见，但数量很少，粗糙的瓷器几乎不见（图 1–8）。

▲图 1–8　精美绝伦的洁白胎瓷器标本　清代

（2）香灰胎

背景信息：香灰胎是汝窑瓷器中的代表色彩，事实上也只有汝窑瓷器烧造出真正意义上的香灰胎色，色彩稳定，具有独立性，但总量很小。为早期色釉瓷器中的精品。

▲图 1–9　“香灰胎”类汝釉瓷器标本　宋代

鉴定要点：

①从胎色上看，香灰胎色顾名思义就是像燃尽香灰一样的色彩（图 1–9），非常完美，纯正，不见串色和偏色现象。是视觉盛宴与现实版的结合，达到了相当高的水平。

②从时代上看，香灰胎色的瓷器在时代特征上十分明确，为北宋时期。其他时期不见。

③从精致程度上看，香灰胎的瓷器与精致程度的关系十分明确，为精致瓷器，汝窑瓷器在精致程度上达到了历史之最，在青瓷的烧造上几乎无超越者。

④从窑口上看，香灰胎的色釉瓷器在窑口特征上十分明确，为汝窑瓷器，是北宋政府设立的官窑，专为宫廷烧造御用瓷器。

2、相近性。中国古代色釉瓷在相近性上特征十分鲜明：

洁白——灰白

灰色——青灰

砖红——红褐

这些色彩之间存在着一定程度的相近性，这种色彩在局部性特征上分为两个格局，一是以洁白胎为显著特征（图 1-10），基本上局部的情况不多，以通体洁白为显著特征，色彩纯正，较为稳定；二是以灰白、灰色、青灰、砖红、红褐等色彩为代表的色彩，在局部性特征上比较复杂，不是很稳定。由此可见，在中国古代色釉瓷胎色十分丰富的情况下，胎色的相近性是广泛存在的。鉴定时应该注意分辨。

▲图 1-10　洁白胎粉青釉瓷器标本　清代

3、差异性。从色彩差异上看，中国古代色釉瓷胎色处于不同的色彩阶段，差异性比较大：

洁白——香灰

灰白——橙色

铁青——砖红

观察这些色彩，洁白胎和香灰胎几乎对立的色彩，如此大的色彩差异，令人诧异，但的确在色釉瓷器上出现了，不过在数量上显然以洁白胎为显著特征。总之，在色彩差异性上色釉瓷器是比较复杂，存在着各种各样的不同，但正如洁白胎和香灰胎一样在规模上并不大，并不存在总量上的对峙。鉴定时应注意分辨。

精细胎

中国精细胎的色釉瓷经常有见，其典型特点是，选料优良、淘洗精练、胎色白皙、匀厚、细腻致密等。中国精细胎的色釉瓷有以下几个显著特点：

①时代性

②窑口性

③色彩性

1、从时代性上看，精细胎的瓷器东汉六朝至元代的青、白、黑等色釉瓷器很少见，主要以明清时期的孔雀绿釉、冬青釉、仿哥釉、仿汝釉等色釉瓷器为主，几乎所有的明清官窑色釉瓷器都是精致瓷器。鉴定时应注意分辨。

2、从窑口性上看，中国精细胎的瓷器在窑口特征上较为明确，以著名的景德镇窑色釉瓷为显著特征，其他窑口由于不具备官窑性质，多是仿烧景德镇官窑色釉瓷器。传统窑口烧造的精细胎也有见，但从种类上无法与明清时期的景德镇窑媲美，如汝窑瓷器虽然也很精致，但是它的色彩只限于天青釉等青色调。鉴定时应注意分辨。

3、从色彩性上看，精细胎的色釉瓷在特征上十分明确，基本上锁定在洁白胎的范围之内，并不是说除了洁白胎之外就没有精致的瓷器，而是绝大多数的精致瓷器都是洁白胎色（图 1-11），其次随着色彩纯正程度的下降，色釉瓷器在精致程度上逐渐下降。

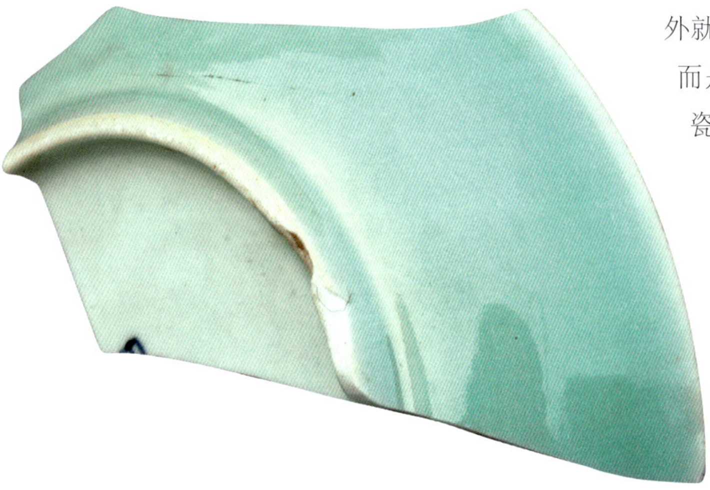

▲图 1-11　精细胎粉青瓷器标本　清代

略粗胎

中国古代色釉瓷中经常见到一些介于细胎和真正粗胎之间的胎体，这类胎体多数有一些明显缺陷，从概念上看，只是某一些方面有缺陷，如一些杂质可以明显地观察到，个别颗粒还比较大，在胎色上有一些偏色等，但不会是所有的缺点都集中在一件器物之上来体现，而是分散存在，局部体现，从发掘出土的器物来看，略粗胎体的色釉瓷在早期以青、白、黑为代表的实用色釉瓷器上常见，但在明清时期以陈设装饰功能为主的蓝釉、孔雀绿釉、冬青釉、仿哥釉、仿汝釉等官窑烧造的色釉瓷器上很少见，个别民间窑场仿烧的器皿有见，但显然不占主流地位。从数量上看，中国略粗胎的色釉瓷数量有一定规模（图 1–12），但多以墓葬和遗址出土，

▲图 1–12　略粗胎油滴釉瓷器标本　宋代

传世品中很少见，特别是宫廷收藏的传世品中基本不见。从时代特征上看，中国略粗胎的色釉瓷在时代上很清晰，各个时代都有见，但主要以早期东汉六朝、隋唐五代、宋元为显著特征，明清时期略粗胎的色釉瓷在数量上比较少见。从窑口上看，略粗胎的色釉瓷名窑和一些乡村窑场的烧造都存在，如邢窑和定窑瓷器中都有略粗胎者，但具有官窑性质的窑场，如汝窑，包括明清时期的景德镇御窑场略粗胎的瓷器几乎不见。从精致程度上看，略粗胎瓷器在精致程度上特征很明确，显然多数不是精致瓷器，主要以普通和粗糙的瓷器为显著特征。鉴定时应注意分辨。

厚薄

中国古代色釉瓷在胎体厚薄上比较复杂，以较薄胎为主（图 1-13），略厚胎和薄胎都有见，真正厚重的胎体亦有见，但在数量上并不是很丰富，由此可见，色釉瓷器逐渐象征多元化的方向发展，下面我们具体来看一下：

1、薄胎。真正像纸一样薄的色釉瓷器在数量上比较少见，属于色釉瓷器中的一种特种瓷，数量很少，轻薄感非常明显，但从概念上看这并不是一个尺寸意义上的标准，仍然是视觉上的一种盛宴，任何薄胎色釉瓷都是相对于其造型而言，并没有尺寸意义上的标准，判断的标准还是需要我们的视觉。不过这类瓷器主要以明清时期的景德镇窑生产为主，在数量上比较少。

▲图 1-13　较薄胎类汝釉瓷器标本　宋代

▲图 1-14　略厚胎红釉瓷器标本　清代

2、略厚胎。略厚胎的概念十分清晰，就是胎体略有些厚度的胎体，比薄胎窑厚的胎体，因此中国古代色釉瓷器皿的略厚胎绝没有厚重的感觉。从数量上看，略厚胎是色釉瓷的主流，无论是传统的青、黑、白等瓷器，还是明清时期蓝釉、黄釉、紫釉、仿哥釉、红釉（图 1-14）、仿汝釉等色釉瓷器都非常多见。墓葬和遗址大量出土，传世品更是大量有见，由此可见，中国古代色釉瓷可以说是略厚胎的时代。从精致程度上看，略厚胎的色釉瓷在精致程度上较为复杂，精致、普通、粗糙者都有见，但主流依然是精致瓷器。从窑场上看，略厚胎的色釉瓷主要还是以景德镇窑生产为主，历史上其他窑场生产的色釉瓷器，在胎体厚度特征上显然包含略厚胎，但比略厚胎更具复杂性。鉴定时应注意分辨。

瓷化程度

中国古代色釉瓷在瓷化程度上普遍比较好，墓葬和遗址都有出土（图 1-15），色釉瓷的胎体完全被烧结，致密，坚硬，这与其精致瓷器的地位关系密切，如官窑烧造的色釉瓷基本上都是不计工本的，无论在胎体选料、淘洗及烧造温度上都是最好的，所以在瓷化程度上必然也是最好的。非官窑烧造的色釉瓷器略微有些复杂，瓷化程度不高的瓷器有见，但数量很少，这与色釉瓷器主要是人们日常生活当中的日用瓷有关，实用的需要必然要求其瓷化程度要高。从数量上来看，墓葬和遗址都有出土，传世品的数量也非常多，由此可见，瓷化程度高的色釉瓷占据着主流地位。从时代上看并没有过于规律性的特征，各个时代都有见，没有哪一个时代的色釉瓷器在瓷化程度表现出比较弱化的情况。从精致程度上看，瓷化程度高的色釉瓷与精致程度关系密切，以精致和普通为显著特征，粗糙的瓷器在瓷化程度上有问题者有见，这些在鉴定时我们要注意分辨。

▲图 1-15　瓷化程度高的黑釉茶盏　宋代

气孔

中国古代色釉瓷胎体中有气孔的情况有见（图1-16），但基本上被分化为两种情况：一种情况是以实用器功能为主的青、白、黑等色釉瓷器，由于多为民窑瓷器，所以在胎体上基本上不避讳气孔的存在；第二种情况是以陈设装饰功能为主的蓝釉、孔雀绿釉、冬青釉、仿哥釉、仿汝釉等色釉瓷器在胎体气孔上控制得比较好，特别是景德镇御窑场烧造的色釉瓷基本上无气孔的出现。从概念上看，气孔是由于胎体的疏松，烧造时温度过高形成，气孔的出现是一个综合的过程，与选料、淘洗、做工等诸多工序都有关系，所以对于官窑瓷器而言，由于各个方面是不计工本的烧造，态度精益求精，所以对于官窑瓷器而言基本上不存在气孔的问题。从严重程度上看，中国古代色釉瓷由于烧造技术和选料以及烧造态度等方面达到了较高的水平，所以胎体有气孔的现象实际并不严重，特征也比较明显，分布以稀疏为主，形状不一，开裂呈自然状态，并非均匀分布，非常自然。从时代上看特征很明显，以明清时期以前为显著特征。鉴定时注意分辨。

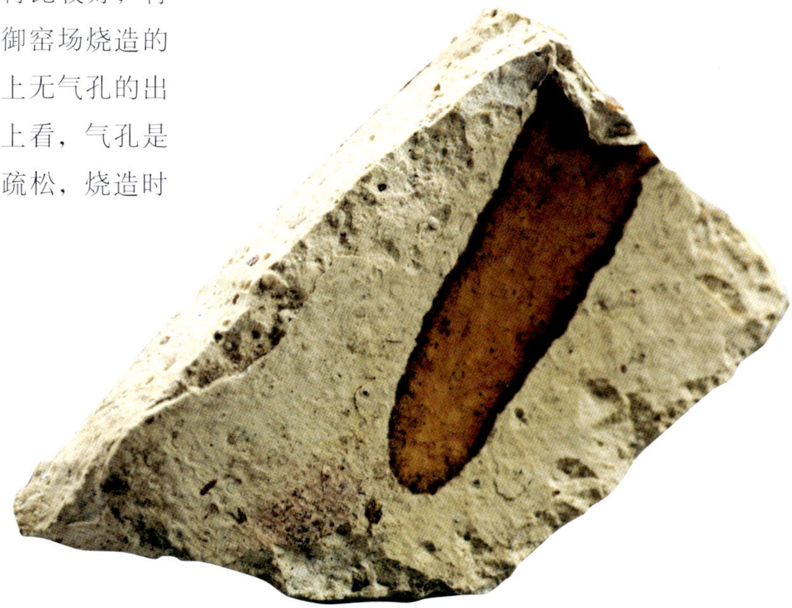

▲图1-16　有气孔的寿州窑黄釉瓷器标本　唐代

杂质

中国古代色釉瓷胎体有杂质的情况不可避免，这是由杂质本身的特点决定的，从微观上看任何胎体理论上都不可能避免杂质，只是有的时候淘洗比较精练，我们的视觉觉察不到而已，这样的胎体也称之为匀净。但从宏观上看杂质显然是广泛存在的。中国古代色釉瓷器在杂质上宏观和微观现象显然都存在，而且分为两大对峙的状态：一种是以实用器功能为主的青、白、黑等色釉瓷器在胎体杂质上比较复杂，匀净与微有杂质以及杂质较为严重的情况都有见；另外一种情况是以陈设装饰功能为主的蓝釉、孔雀绿釉、冬青釉、仿哥釉、仿汝釉等色釉瓷器，这些瓷器多数是由景德镇窑为宫廷烧造的，在工艺上精益求精，几无缺陷，在胎体上基本是以匀净为显著特征，即使有杂质也多是轻微的（图 1–17）。从精致程度上看，有杂质的中国古代色釉瓷器显然与最为精致的瓷器无缘，主要以普通和粗糙的瓷器为主，普通瓷器在杂质的严重程度上相对较轻，而严重杂质多出现在粗糙的瓷器之上，这一点是显而易见的；从色彩上看，中国古代色釉瓷杂质在色彩上并不是很明确，多数是胎色融为一体，成为胎体的一部分，但也有与胎色截然不同者。从时代上看，有杂质的色釉瓷器在时代上并没有鲜明的特征，各个时代都有见，但相对来讲景德镇官窑瓷器胎体上的杂质比较少见，可以说基本不见。从窑口上看其他时代在杂质特征上也是这样，基本上没有太大的改变。鉴定时应注意分辨。

▲图 1–17　有杂质的瓷器标本　清代

艺术品特质

中国古代色釉瓷器在胎体之上有着鲜明的艺术品特质，选料考究、淘洗异常精练（图 1–18），从视觉上看孔雀绿釉、矾红釉、茄皮紫釉、郎窑红釉、豇豆红釉、天蓝釉、洒蓝釉等众多宫廷色釉瓷器，胎体几无缺憾，匀净、致密、匀厚、细腻、坚硬、洁白，昭示出不计工本、精益求精的态度。因此我们说中国古代色釉瓷不是在做胎体，而是在做精美的艺术品，力求达到艺术品“内外一致”“尽善尽美”的特质，胎与釉完美的融合，最终中国古代色釉瓷的胎体与人们内心最深处的精神状态形成了映照，昭示着人们对于真、善、美的追求不息。我们在鉴定时一定要注意对这些精神层面上的问题进行思考。

▲图 1–18　淘洗精练的黄釉瓷器标本　清代

规整

中国古代色釉瓷胎体在规整程度上特征鲜明，通常以规整为显著特征（图 1-19），这一点无论从实用器还是陈设装饰把玩的功能来看都是这样，只是偶见以实用器功能为主的青、白、黑等色釉瓷器有胎体不规整者，但从总量上看显然可以忽略不计。从概念上看，其实规整胎体显然是一场视觉盛宴，中国古代色釉瓷的规整无法从几何学来看，更无法用弧度之类的尺寸来测量，它实际上是人们视觉上的一种感觉而已，就是只要人们的视觉认为它是一件在造型上规整的色釉瓷，那么它就是一件在胎体上规整的瓷器。从时代上看，中国古代色釉瓷在时代特征明显，明清时期的色釉瓷器很少见，主要以明清以前各个时代的民用瓷为主。从精致程度上看，中国古代色釉瓷与精致程度的关系明确，胎体不规整的色釉瓷与精致瓷器无缘（图 1-20），普通瓷器中也很少见，主要以粗糙的瓷器为显著特征。鉴定时应注意分辨。

▲图 1-19　造型规整的建窑茶盏　宋代

▲图 1-20　造型规整的建窑茶盏　宋代

手感

对于胎体而言，手感主要以重量上的感觉为主，中国古代色釉瓷在轻重上给人的感觉总体上以轻盈为显著特征，略有重量感，但这种感觉并不是很明晰，这与多数色釉瓷器适合于把玩的功能密切相关。当然从概念上看这种轻重的感觉只是并没有具体的重量特征，而主要是根据造型的大小与同时期器皿相比较而言的。从精致程度上看，中国古代色釉瓷轻重的特征与精致程度关系密切（图1-21），轻重达到最为适合的状态是不易的，很难烧造，也很难把握，一般情况下只有官窑瓷器拿捏得很准确，民间色釉瓷器多数略重，特别是明清时期大量仿制官窑的色釉瓷器在这一点上表现得很明显，鉴定时应引起我们注意。总之，越粗糙的色釉瓷在重量上的表现会越来越严重，有的时候会超越我们的视觉，在实践中常常会遇到一个较小的色釉瓷瓶，视觉感觉会很轻盈，但手感确实异常的重，那么这种器皿多数是一些同时期，甚至是现代的低仿品。

▲图1-21　手感厚重的钧红釉香炉　当代仿宋

第二章 黑瓷

高岭土胎

背景信息：中国古代黑瓷高岭土胎显然是主流，多数瓷器在胎质上都是由高岭土烧造，这是由高岭土自身诸多优点所决定的，因为高岭土胎具有胎体延展性好、坚固、不变形等特点；黑釉瓷器对于高岭土胎的应用，实际上多是借鉴青瓷对高岭土胎在原料使用上的一些技术（图 2-1），总之，高岭土胎在黑瓷的使用上十分普遍。鉴定时应注意分辨。

▲图 2-1　高岭土胎黑瓷罐　明代

鉴定要点：

1、从胎色上看，不同精致程度的高岭土胎所对应的胎色各异，如白胎所对应的黑釉瓷器通常较为精致，而黄白胎所对应的黑釉瓷器多普通，白褐胎对应的瓷器多以粗糙为主，当然像这样的例子还有很多，由这些例子我们可以清楚地看到胎色对于黑釉瓷器在精致程度上的影响是决定性的。由此可见，胎色意味着对于高岭土料的选择。如白胎所选择的首先是高岭土料（图 2-2），其次意味着高岭土料比较好，进而

▲图 2-2　白色胎体高岭土胎黑瓷灯　明代

才会出现较为精细的胎体；而黄白胎显然就说明在高岭土的选料上不是很精，出现了色彩不稳定的现象，但最终主色调还是在黄白胎之下而存在，而这种略微不稳定的色彩，在精致程度上所对应的往往就是普通瓷器；白褐胎的瓷器通常是非常的粗糙，因为白色和褐色的存在，表明有其他的一些高岭土的掺和料在里面。我们在鉴定时应注意分辨。

2、从时代上看，黑瓷高岭土在质量上并没有过于明显的时代特征，各个时代都有高岭土比较优的选料，比如说东汉六朝时期德清窑就有一些黑瓷在高岭土选料上比较优良，但更多是在高岭土的选料上普通或者是加入掺和料的器皿；隋唐五代时期延续这一特征；明清两代相互比较高岭土在选料上可能更为粗糙。鉴定时应注意分辨。

3、从窑口上看，黑瓷高岭土胎在窑口上没有过于规律性的特征，这是黑瓷窑口过于分散的特征所决定，黑瓷窑场在东汉六朝时期主要以德清窑为主，之后逐渐泛化，隋唐五代时期、宋金元时期、明清时期有诸多的窑口烧造黑瓷，但没有一个窑口像德清窑那样专一烧造黑瓷，所以说在高岭土料及其特征上烧造黑釉瓷器的各个窑场宏观上是相似的，在微观上有细微的差别，不过这些差别过于细微，我们基本上可以忽略不计，在鉴定时知道就可以了。

4、从精致程度上看，无疑黑瓷在高岭土料的选择上还是分为精致、普通、粗质三种，那么通常情况下它们所对应高岭土料的应该是黑釉瓷器优质、普通、粗质三级，而事实的情况却是精致的黑釉瓷器在历史上数量很少（图 2-3），几乎可以忽略不计；主要是以普通的瓷器为主，普通的瓷器在数量上占据着统治地位。粗糙的高岭土料也比较常见，但显然占据不到统治地位。因此，从精致程度上看，高岭土选料主要是以普通选料为显著特征。鉴定时注意分辨。

▲图 2-3　高岭土胎黑瓷盏　宋代

黏土料

背景信息：黏土是硅酸盐材料的一种，黏土料从广义上可以包括很多种，包括细泥料、泥质料、夹砂料、夹云母料、夹蚌料等，而人们对于黏土材料的使用可以追溯很遥远的新石器时代，在新石器时代的陶器之上主要就是以黏土为原料，那么按道理讲黏土料在黑瓷之上不应该出现，因为瓷器成熟的标志之一就是使用高岭土烧造，但由于黑瓷为人们日常生活当中的实用器，所以只要不影响到实用都有可能会出现黏土料的问题，其实不仅仅是黑瓷，几乎所有的瓷器在胎料的使用上都涉及黏土料的使用，只不过黏土料在黑瓷之上所占的比例比较重而已，当然这应该与黑瓷深度实用器的地位有密切的关联。鉴定时应注意分辨。

鉴定要点：

1、从胎色上看，黑瓷黏土料在色彩上有一定程度的局限性，基本上被限定在了橙色、土黄、黄褐等色彩范畴之内（图 2-4）。其他的色彩也有见，但数量很少。

▲图 2-4　黏土胎黑瓷碗　金代

2、从时代上看，黑瓷黏土胎各个时代、各个历史时期都有见，贯穿于黑瓷的始终。东汉六朝时期黏土胎在数量上实际上并不丰富，只有个别瓷器是黏土胎；隋唐五代时期黑瓷黏土胎在数量上有所增加，原因很明确，主要是因为黑瓷为人们日常生活当中的用具；宋元时期黑瓷黏土胎在数量及严重程度上看基本延续前代；明清时期黑瓷黏土胎的数量进一步增加，从发掘出土器物来看黏土胎的确比较多，墓葬和遗址内都经常有见，在色彩上呈现出橙、黄等，由此可见，粗质化的程度进一步加剧。

▲图 2-5　橙红黏土料黑瓷标本　宋代

3、从窑口上看，黑瓷黏土胎在窑口上的特征实际上并不明显（图 2-5），历史上除了德清窑是专门烧造黑瓷的窑场之外，其次就是建窑和吉州窑了，那么这些窑场当中黏土胎者的并不多见。不过，黏土胎在非专有烧制黑瓷的窑场中十分常见，如磁州窑烧造的黑釉瓷器有相当多是黏土胎，特别在辽金时期有很多，所以黑釉瓷器在黏土料上的选择上窑口特征并不明显。鉴定时应注意分辨。

4、从精致程度上看，中国古代黑瓷中黏土胎者与精致程度实际上呈现出一个正比的关系，黏土胎精细者多为精致的瓷器，普通黏土料多为普通的瓷器，而粗质黏土料多为粗糙的瓷器，从数量上看区别也非常大，可以说黑瓷主要是以普通瓷器为显著特征，精致和粗糙的瓷器在数量上很少，特别是精致者非常少见，鉴定时应注意分辨。

淘洗

背景信息：淘洗是黑瓷在选料之后的一道必需的工序（图2-6），中国古代黑瓷在淘洗上特征较为明确，精练与淘洗不精者有见，但主要以淘洗精练者为显著特征，过于精练和粗糙的瓷器比较少见。鉴定时应注意分辨。

▲图 2-6　淘洗较精黑瓷标本　金代

鉴定要点：

1、从胎色上看，淘洗与胎色有着密切的关联，在种类上比较丰富，如白胎、灰胎、黄白胎、黄褐胎、灰黑胎等都常见，这些胎色与淘洗显然有着密切的关系，淘洗精练者通常情况下胎色比较纯正，但随着胎体精练程度的下降，胎色的纯正程度也在下降，会形成不同的衍生色彩，如黄白、灰黑、黄褐等，由此可见，淘洗与胎色在精练程度上形成的是一种正比的关系。

▲图 2-7　优质高岭土胎淘洗较精黑瓷罐　宋代

2、从原料上看，黑瓷胎体原料的选择与淘洗的关系十分密切，通常情况下优质的高岭土料淘洗一般都比较精练（图 2-7）；

普通料高岭土料在淘洗上则表现出普通淘洗的一个水平，明显可以看到淘洗不精练的情况，起码是达不到精益求精；粗糙者更是这样，淘洗的精练程度下滑得很厉害，黏土胎及掺和料基本上也是这样，就不再过多赘述。

3、从时代上看，中国古代黑瓷不同历史时期在淘洗上特征明确，东汉六朝时期在淘洗上比较精练，但显然没有青瓷器那样的一丝不苟，隋唐五代时期淘洗在精练程度显然没有太大进展，依然处于同东汉六朝相当的一个水平，在淘洗上或许与其他窑口所生产的青瓷胎体相似，但也都是些普通青瓷。由此可见，淘洗精练似乎已经成为中国古代黑瓷在胎体淘洗上不自觉要遵守的一个固定化的倾向，并且这一趋势直至明清。

4、从窑口上看，黑瓷淘洗实际上在窑口上并没有过于复杂化的特征，因为本身对黑瓷来讲专门烧制黑瓷的窑口就不多（图 2–8），我们可以轻易数过，如德清窑、建窑、吉州窑等，这些窑口显然都是历史名窑，在淘洗上精练是一个主流，但是这些窑口生产的黑瓷总量与整个黑瓷的总量相比显然微不足道，而通过实物观测，中国古代黑瓷绝大多数在淘洗上是倾向于普通的精练程度，如磁州窑兼烧的大量黑瓷在淘洗上就是这样，以及一些乡村级窑场所烧造的黑瓷在精练程度上都是以普通为主。粗质者也有见，但数量并不占据主流地位。鉴定时应注意分辨。

▲图 2–8　淘洗较粗黑瓷碗　明代

5、从精致程度上看，中国古代黑瓷胎体淘洗与在精致程度有密切关联，可以说淘洗精练、普通、粗略与瓷器的精致、普通、粗糙对应，但从出现的频率上看，主要以普通瓷器为显著特征，过于精致和粗糙的黑瓷比较少见。鉴定时应注意分辨。

胎色

1、种类。中国古代黑瓷在胎色上具有鲜明特征，常见的胎色主要有灰胎、灰白胎、青灰胎、青胎、灰褐胎、砖红胎、黄白胎等，由此可见，中国古代黑瓷在胎色上是异常繁多，可以看到这些胎色一些是独立的色彩，有的是衍生性色彩，但这些色彩显然不是中国古代黑瓷在色彩上的全部，而只是一些代表，原因很简单，黑瓷色彩的衍生非常强，它可以由不同基调的色彩衍生到另外一种色彩，这也反映了中国古代黑瓷在胎色上有向多元化发展的一个趋势。下面我们来看两则实例：

（1）黄白胎

背景信息：黑瓷黄白胎常见（图 2-9），从数量上看规模还是比较大，从地域上看有一定的地域性特征，如在山西、河南、陕西、河北等地就比较常见，我们来看一则实例，山西浑源县界庄唐代瓷窑内就出了很多黄白胎的瓷器，器物造型涉及碗、盘、碟、瓶、罐、盂等多种（山西省考古研究所：《山西浑源县界庄唐代瓷窑》，《考古》，2002 年 4 期）。由此可见，黄白胎的瓷器在中国古代瓷器当中占有重要的地位，可以说是最主流的色彩之一。

▲图 2-9　黄白胎黑瓷碗　明代

鉴定要点：

①从胎色上看，黄白胎实际上是一种复色，黄色与白色完美地融合在一起，实际上从胎体的横截面上看已经不能分辨黄色多，还是白色丰富，看起来完全是一种比较稳定的黄白色彩，由此可见，黄白胎判断的标准显然是视觉，为一场视觉的盛宴。鉴定时应注意分辨。

②从造型上看，黄白胎的黑瓷涉及器物造型众多，如碗、盒、执壶、罐、炉、瓶等都有见（图2-10），可见器型十分丰富，这说明黄白胎在黑瓷胎体上是一种相当常见的色彩。

▲图 2-10　黄白胎黑瓷碗　明代

③从时代上看，黄白胎的黑釉瓷器在各个时代都有见，从数量上看主要以唐代宋时期为多见，东汉六朝、元明清时期所见数量甚少，呈现出中间小两头大哑铃状的态势。鉴定时应注意分辨。

④从窑口上看，中国古代黑瓷以著名的德清窑为主，但是黄白胎的瓷器并不是德清窑在胎色上的主流色彩，而是唐宋时期诸多窑口在色彩上的主流，因为唐宋时期的窑场很多都不是专一烧造黑瓷的窑场，如山西浑源窑就是这样，它烧制的色釉瓷器品种很多，黑瓷只是其中之一，总之，从窑口上看黑瓷黄白胎者主要以兼烧的窑场为显著特征。

⑤从精致程度上看，黄白胎的黑瓷在精致程度上很少见，如德清窑瓷器当中过于精致的瓷器都没有黄白胎，从精致程度上看，黄白胎的黑瓷主要以普通瓷器为主，粗糙的瓷器比较少见。鉴定时应注意分辨。

（2）灰胎

背景信息：黑瓷灰胎是一种单色，色彩比较稳定，具有相当的独立性，这种灰胎在时代上也是贯穿于整个黑瓷史（图 2-11），从数量上看并不是很多，但是比较常见。

▲图 2-11　灰褐胎黑瓷标本　金代

鉴定要点：

①从胎色上看，灰胎是以灰色为主体，但对于黑瓷由于是民窑，黑瓷灰胎并不像著名的汝窑瓷器那样，最终形成了香灰胎等较为纯正的色彩，实际上在黑瓷当中真正灰胎的瓷器非常少，多数以灰胎为衍生色彩，如深浅程度不一的衍生等都比较常见。

②从时代上看，灰胎的黑瓷在时代特征上比较明确，从东汉六朝时期就存在，而且数量比较多；隋唐五代时期灰胎的数量有所下降，多以浅灰和青灰等色为显著特征；宋元时期灰胎在数量上进一步下降（图 2-12）；明清时期有见，但在数量上并不是很多，由此可见，灰胎在时代特征上显然是一个递减的过程，这一点很容易理解，因为它主要是相对于橙、红、黄等非高岭土料色彩的增加而相对减少。鉴定时应注意分辨。

▲图 2-12　灰黄胎黑瓷器杯　金代

③从精致程度上看，白胎泛灰的黑瓷在精致程度上普遍较高，精致的黑瓷有见，但从数量上看多数为普通的瓷器，粗糙瓷器当中很少见到灰胎的衍生性色彩。

④从窑口上看，灰胎的黑瓷在窑口特征上非常明确，如著名的德清窑当中就有见灰胎、或是其衍生性的色彩；建窑和吉州窑当中也有见，但同时在一些乡村级的土窑，以及兼烧黑瓷的窑场中也有见这种色彩的瓷器，这一点我们在鉴定时应注意分辨。

2、相近性。中国古代黑瓷在相近性上特征十分鲜明：

白色——灰白

灰色——浅灰

黄色——黄褐

这些色彩之间存在着一定程度的相近性，但这种相近性显然是局部的，是一个选择性的相近，如我们可以选择白色和灰白色相近，但是如果我们不选择，白色和青灰就不仅不相近，而且距离比较远，由此可见，在中国古代黑瓷胎色十分丰富的情况下，胎色只存在某几种胎色的相近性（图 2-13），而不存在普遍意义上的相近性色彩。鉴定时应注意分辨。

3、差异性。中国古代黑瓷在胎色差异性上也是可选择的，而且差异性比较大：

黄白胎——青灰胎

橙色胎——灰褐胎

观察黄白胎与灰褐胎在色彩上基本上是对立的，虽然黄白和灰白胎都是衍生性的色彩，但这两种色彩在衍生性上并没有影响到其他色彩的对立性，在鉴定时应引起我们特别注意。

4、数量。黑瓷胎色在数量上其实并没有一个特别明确的特征，主要以不同时代、不同窑口为显著特征，同时还有受到地域特征的限制，如唐代黄白胎的瓷器如果限定在山西境内、限定在唐代，那么黄白胎的色调最为丰富，但是如果不限定这些条件，我们就不能说黄白胎的胎色是中国古代黑瓷色彩的主流，只能说是比较多而已，其他的色彩也或多或少地都有这方面的限定，这一点我们在鉴定时应引注意。

▲图 2-13　白胎黑瓷标本　宋代

精细胎

中国古代黑瓷中较细胎的胎体时常有见，墓葬和遗址当中都有出土，但主要以墓葬出土为主，其典型特点是，选料优良、淘洗精练（图 2-14）、白皙、匀厚、细腻、致密、坚硬、瓷化程度高，气孔基本不见，很少见到杂质的存在。但较细胎的黑瓷显然有着一些限定性的特征，我们从以下三点来看一看：

①时代性

②窑口性

③色彩性

1、从时代性上看，东汉六朝时期较细胎的黑瓷比较常见，这可能与东汉六朝时期黑瓷刚刚烧制成功，人们对于较细胎的黑瓷较为重视有关，隋唐五代、宋元时期较细胎的黑瓷数量有所增多，如著名的建窑瓷器当中较为精致的黑釉茶盏多为较细胎，吉州窑也是这样，明清时期由于黑瓷被排挤到了主流瓷器市场之外，所以较细胎者基本上不见。鉴定时应注意分辨。

▲图 2-14　胎体较细黑瓷标本　宋代

2、从窑口性上看，较细胎的黑瓷在窑口特征上十分明确，德清窑较细胎的黑瓷时常有见，另外，建窑、吉州窑黑瓷在较细胎上也常见，它们有一个共同的特点，就是这些窑场基本上都是以烧造黑瓷为主，由此可见，中国较为精细胎体的黑瓷主要倾向于专一烧造黑瓷的窑场，其他兼烧的窑场有见，但是在数量上比较少。鉴定时应注意分辨。

3、从色彩性上看，较细胎的黑瓷在色彩上有一些显著特征，基本的特征就是色彩纯正程度，如灰胎中常见较为精细的胎体；白胎当中也是这样；同样在橙色胎体当中也是这样，色彩的纯正程度越好，其精细胎的程度就越深。但从数量上看，虽然较细胎的黑瓷有一定的量，墓葬和遗址当中都有出土，有的遗址当中出土较细胎的数量还比较多，但如果与黑瓷胎体的总量相比，较细胎的黑瓷并不占主流，可以这样讲10件唐代黑瓷的胎体中或许有三两件是精细胎者。从器型上看，精细胎体在器物造型上十分丰富，涉及盒、壶、瓶、罐等诸多器型(图2-15)，但从比例上看以壶、瓶为显著特征，碗、盘、碟等器皿在精细胎的数量上显然有所减少，由此可见，精细胎的瓷器多以陈设器物为显著特征，其中以盒的数量最多，大量的日用器皿碗、盘、碟等瓷器之上显然都是一些普通的胎体。鉴定时应注意分辨。

▲图2-15　较细胎黑瓷双系罐　金代

略粗胎

中国古代黑瓷中略粗胎者时常有见，略粗胎从概念上看主要是介于粗胎和细腻胎体之间，这类胎体多数有一些明显缺陷，如杂质比精细胎要丰富得多，颗粒可以看清楚，有一些明显的气孔、偏色等现象存在，但一般情况下略粗胎的瓷器在瓷化程度以及规整程度等方面都没有太大的问题，因为黑瓷毕竟是一种实用器，在烧造温度上也比较高，如一些杂质、气孔等对于实用没有影响的缺陷可能会出现，但是如果是对实用有影响的缺陷，如变形等基本上很少见。从时代特征上看，中国略粗胎的黑瓷在时代上的特征并不鲜明，可以说是各个时代黑釉瓷器的主流特征，东汉六朝时期最著名的德清窑在胎体上是以略粗胎为显著特征，略粗胎的瓷器比较多，一般情况下是表现的杂质比较丰富、有一些气孔、色泽较深、胎体含有一定量的沙粒或者是石英等；唐宋及明清时期略粗胎在黑瓷上依然占有重要的地位，虽然这一时期专有烧造黑釉瓷器的窑场很少，多以兼烧为主，但是在黑釉瓷器的胎色上我们依然可以观察到许多略粗胎的瓷器，各种各样的问题不断，但核心的问题、影响到实用的问题几乎没有，多数是异常的坚硬，不过有时从胎体的横截面上可以看到一些胎体较大的气孔存在。从窑口上看，隋唐五代略粗胎的黑瓷在窑口上特征也是比较明显，就是说德清窑、建窑、吉州窑等一些专一烧造或者主烧黑瓷的窑场都是以略粗胎为主流，一些非专一烧造黑瓷的窑场，如兼烧黑瓷的窑场基本上也是以略粗胎为显著特征，这促使略粗胎在黑釉瓷器上成为主流（图 2–16）。在精致程度上，略粗胎的胎体与黑釉瓷器的精致程度有一定的关联，通常情况下黑釉瓷器多以普通瓷器为显著特征，精致和粗糙的瓷器基本不见，从数量上看，中国略粗胎的黑瓷几乎在所有的墓葬和遗址当中都有见，只不过是数量有多少的问题，有的遗址出土这类器皿比较大，成百上千的情况都有见，由此可见，略粗胎的黑瓷在总量上有相当的规模，鉴定时应注意分辨。

▲图 2–16　胎体较粗黑瓷碗　明代

夹砂胎

中国古代黑瓷夹砂胎的情况时常有见，实际上这是很容易理解的事情，因为黑瓷在刚开始的时候它主要是作为青瓷的副产品存在，从产生的时间上看，青瓷在烧造成功的同时黑瓷也产生了，这样的瓷器大家认为就是一些很穷的人在使用，或者在东汉六朝时期人们可能认为黑瓷就不是一种真正意义上的瓷器，当然这只是观念上的认为，从本质特征上来看德清窑瓷器显然是一种标准的瓷器。东汉六朝时期的德清窑有很多夹砂胎的情况，而且沙粒非常明显，但通常情况下早期的夹砂多以深灰或色彩比较深的颗粒为主，往往与胎色的色彩融合在一起，不仔细观察很难看清楚，由此可见，在新石器时代就流行的夹砂胎在瓷器刚刚产生之时就在瓷器之上产生了，但从黑釉瓷器来看，显然夹砂胎体只是人们烧造态度松懈的一种表现，而并没有像新石器时代夹砂陶器那样要达到的目的，因为我们知道新石器时代陶器夹砂的目的是为了降低烧造温度，同时又增加硬度，但是在黑瓷之上应该不存在这个问题，因为夹砂胎的黑瓷烧造温度也达到了相当高的水平（图 2-17）。从时代上看，唐宋时期夹砂胎的数量经常有见，特别是在一些非高岭土料的瓷器之上有见，但也未发现是为了降低烧造温度而有意夹砂

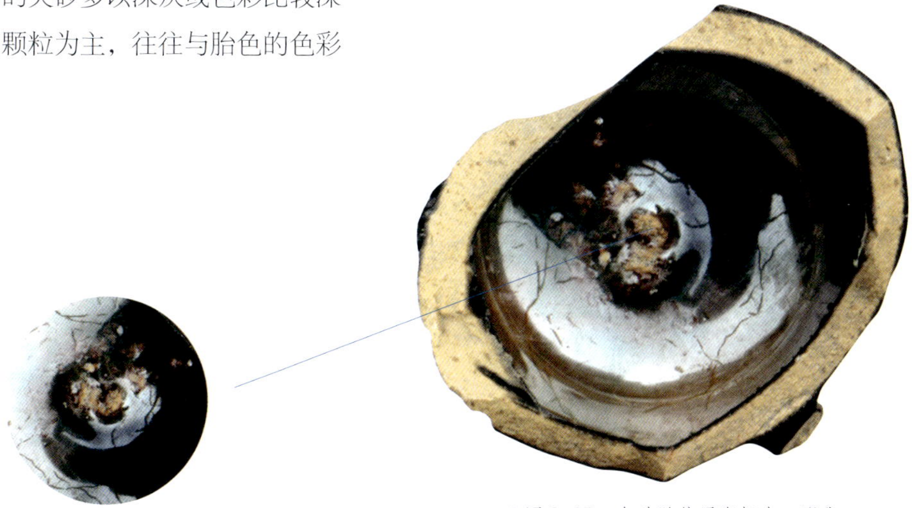

▲图 2-17　夹砂胎体黑瓷标本　明代

的现象，同样宋元和明清时期都是这样。从数量上看，夹砂的情况在中国古代黑瓷上非常普遍，各个墓葬和遗址当中都有见，墓葬出土的情况多为 1—2 件，遗址出土数量可达数十上百件，举个例子，如果我们随意抽取 10 件黑瓷，可能有 3—5 件都是有夹砂的情况，由此可见，中国古代黑瓷并不避讳夹砂胎体的存在。从色彩上看，夹砂的胎体基本上是以白胎为主，其他色彩有见，但从色彩上看比较复杂，各种各样的色彩都有见，以白色为最常见，这可能和大多数沙砾的色彩都与白色有关，但并不是纯正意义上的白色。从原料上看，中国古代黑瓷夹砂胎的胎体与原料有一些关系，但这种关系不是很明确，一般情况下高岭土料的黑瓷夹砂胎体比较少见，但也有见，黏土为料的黑瓷夹砂的胎体略微多见。从精致程度上看，中国古代黑瓷在夹砂胎上与其精致程度有着明显的关联（图 2-18），通常夹砂胎的黑瓷有过于精致者，但多数为普通瓷器，粗糙瓷器的情况也有见。鉴定时应注意分辨。

▲图 2-18　普通夹砂胎体黑瓷标本　元代

略厚胎

▲图 2-19　略厚胎黑瓷罐　宋代

中国古代黑瓷中略厚胎的瓷器时常有见，从墓葬和遗址当中都有见这种略厚胎的瓷器，墓葬出土的数量比较多，有的墓葬出土 2 件到 3 件的黑瓷当中可能全部都是略厚胎。遗址出土略厚胎的瓷器更多，有些窑址出土的黑瓷略厚胎者可能要占到 90% 以上，城址出土略厚胎黑瓷的数量更是成千上万件，由此可见，略厚胎的黑瓷总量规模巨大，是中国古代黑瓷在胎体厚薄特征上的主流。从概念上看，略厚胎的黑瓷指的是有一定的厚度，但这个厚度比厚胎要薄，比薄胎要厚的存在，这是一个中庸的概念，实际上这种胎体厚度并不能以尺寸来衡量，而是要以造型为比较，以我们的视觉来进行判断，因此，略厚胎的胎体也是一场视觉上的盛宴。从时代上看，略厚胎的黑瓷在黑瓷烧制成熟的时候业已成为主流（图 2-19），在德清窑瓷器之上我们看到很多瓷器就是略厚胎，过厚和过薄的瓷器都很少见，隋唐五代时期基本上延续了这一特征，宋元时期略厚胎的黑瓷基本上没有太大变化，但是主要以兼烧黑瓷的窑场为显著特征，主烧黑瓷的建窑、吉州窑等有一些特别精致的黑釉茶盏，如兔毫釉茶盏、木叶贴花、油滴天目等，但其胎体的厚度可能比较薄，不过这个数量应该是非常少的，与整个黑瓷的数量相比基本上可以忽略不计；明清时期中国古代黑瓷在胎体上基本上延续略厚胎的胎体，没有过于规律性的特征，我们就不再过多赘述，由此可见，中国古代黑瓷可以说是一个以略厚胎为主的时代。从精致程度上看，略厚胎的黑瓷与精致程度从理论上讲没有过于紧密的联系，大量略厚胎的黑瓷都是一些普通的瓷器，在精致瓷器中也有略厚胎的瓷器，包括普通或粗糙的瓷器，在胎体上基本都是略厚胎，由此可见，黑釉瓷器由于是老百姓日常生活当中真正在使用的器皿，所以在生产上流水线式的作业痕迹比较明显，胎体在厚薄变化上不是很明显。鉴定时应注意分辨。

瓷化程度

中国古代黑瓷瓷化程度普遍比较好，这一点从墓葬和遗址出土的情况来看很明确，基本上都是瓷化成度较高的黑瓷，瓷化程度低的情况比较少见，而从南北方黑瓷在瓷化程度上的区别来看，以北方地区黑瓷的瓷化程度为最好，这一特征有一定的渊源，主要是在烧窑的用料方面有区别，南方地区从东汉到清代基本上都是用山上的木材来作为燃料来使用，我们知道山上的木料主要是用树木的枝叶为主要原料，其烧造的温度虽然也高，但是与北方相比，如北方地区的北宋时期就以煤为主要原料在烧造，所以说在原料上是北方地区的温度比较高，等于说它延长了窑内的保温时间，促使窑内化学反应更加充分，从而对瓷化程度的提高有明显好处（图 2-20），

▲图 2-20　瓷化程度较高的黑瓷双系罐　宋代

▲图 2-21　瓷化程度较好的黑瓷标本　明代

因此从瓷化程度上看南北方是有一些微小的差别，但是这种差别非常微小，从个体比较来看几乎可以忽略不计。从概念上看，瓷化程度高的黑瓷首先是温度比较高，敲击可以发出悦耳的金属声，胎体致密、细腻、坚硬。从时代上看，中国古代黑瓷在瓷化程度上没有过于复杂性的特征，各个时代都有见，而且各个时代相比较为相似，看来在这一点上黑釉瓷器固守了其东汉六朝时期以来瓷化程度比较高的传统，当然这与其民窑用器关系密切，因为如果烧造温度达不到，或者是瓷化程度不高，那么黑釉瓷器也就失去了其存在的价值，因此黑釉瓷器客观上要求其在瓷化程度上必须要好（图 2-21）。从精致程度上看，瓷化程度高的黑釉瓷器在精致程度上并没有明显的特征，精致、普通和粗糙的黑釉瓷器在瓷化程度上都非常高，表现出了比较均衡化的特征。鉴定时应注意分辨。

气孔

中国古代黑瓷胎体有气孔的情况看起来比较常见，就是说如果去观测黑釉瓷器的胎体，会观测到很多胎体的横截面上有一些气孔，这些气孔的形状上有的是圆形的，有的是不规则形的，有的比较集中存在，有的较为分散，还有一些情况是整个胎体横截面只有一个气孔存在，由此可见，气孔是黑釉瓷器胎体之上经常出现的一种窑内缺陷。从概念上看，气孔的出现与烧造温度的稳定程度，以及原料的选择、淘洗精练程度等诸多因素都有关系，但它的出现是不可控的，所以气孔也是我们判定黑瓷的真伪的重要特征，如果黑瓷的气孔形成得过于有规律，那么这样胎体的黑瓷我们要慎重，要先辨明它的真伪。从时代上来看，中国古代黑瓷有气孔的胎体在时代特征上比较鲜明，东汉六朝时期较为常见，隋唐五代时期也是比较多见，宋元、明清时期在胎体气孔的程度上有所下降（图 2-22），但是这种下降的幅度非常微弱，只能从宏观上可以感觉到，如果从单个的瓷器比较来看这种特征不明显。从精致程度上看，有气孔的胎体与精致程度有着一定的关联，但这种关联不是很明显，就是说一般情况下气孔比较多的胎体就说明是窑内缺陷比较多，其为精致瓷器的可能性比较小；普通瓷器之上有气孔的情况比较常见，有的不是很严重，一些表现得比较严重；粗糙瓷器在气孔之上表现得比较明显，从数量上看十分常见，看起来也比较清晰，分布较广，也较为密集。鉴定时应注意分辨。

▲图 2-22　有气孔的黑瓷胎体横截面　明代

杂质

中国古代黑瓷胎体之上有杂质的情况有见（图 2-23），实际上这是由瓷器胎体本身的特性所决定的，因为从理论上讲没有杂质的胎体是不存在的，无论再精致的瓷器，就是宋代官窑汝窑瓷器的胎体，也不可避免地会有杂质的存在，只不过这种存在很微弱，我们视觉感觉不到而已，而如果人们的视觉无法观测的胎体，我们就一般称为胎体匀净，我们在一些考古发掘报告上看到的胎体匀净，实际上就是指我们的视线感觉不到，而并不是真正意义上的胎体匀净。而我们的视线能够观测到的杂质，哪怕再微小，我们称之为轻微杂质，严重者称为严重杂质。轻微杂质能够观测到，但是比较轻微，严重杂质是指看起来颗粒比较大，分布比较广。但中国古代黑瓷由于是高岭土烧造，还有很大一部分是黏土和掺和料烧造，所以杂质的情况还是比较严重，也很复杂，就是从时代上看基本上各个时代的杂质都是比较严重，东汉六朝、隋唐五代、宋元明清时期在杂质上特征都是这样，由于黑釉瓷器是民窑瓷器，所以说无论在杂质的明显程度，还是数量上都是比较丰富，相互之间不能区分哪个朝代杂质轻微还是严重的情况，这也是黑釉瓷器在杂质时代特征上的一个重要特点，我们在鉴定时要注意分辨。从精致程度上看，杂质较为丰富的黑釉瓷器在精致程度上比较差，而杂质较少的瓷器在精致程度上比较好，视线观察不到杂质的胎体，显然多是一些非常精致的瓷器，因此我们可以看到中国古代黑瓷与精致程度的关系呈现出的是一种反比。从色彩上看，中国古代黑瓷在色彩上非常明确，多数与胎色融为一体，但融合的效果通常不是很好，我们可以很轻易地看到哪些是杂质或胎体的色彩。鉴定时应注意分辨。

▲图 2-23　略有杂质的黑瓷标本　金代

艺术品特质

中国古代黑瓷在胎体之上所表现出的艺术品特质实际上并不是很明显，这与其过于浓郁的民窑特色有关，因为黑釉瓷器并不像钧、汝瓷器那样它烧造的初衷就是为了表现艺术品的特征，契合人们内心与瓷器的共鸣（图 2-24），黑瓷显然完全不是这样的，中国古代黑瓷在胎体上的艺术品特征的本质特征的初衷显然是朴素的，就是为了生产出人们在日常生活当中所必需的实用器皿而进行的烧造，所以它的胎体选择是以实用为基石，它可能不会考虑到很多的问题，但首先会考虑到实用、成本等，黑瓷在实用和成本之间是一种博弈的关系，因此黑瓷胎体在艺术品

▲图 2-24　美不胜收的黑瓷瓶　明代

▲图 2-25　胎体细腻精美绝伦的黑瓷罐　宋代

特质上所反映的是一种人们最朴实的情怀，自然而然实用主义的状态，甚至有的时候成本至上。再者黑釉瓷器在其艺术品特质上还体现出了一种超强的坚持，就是说黑瓷的胎体从东汉六朝时期直到我们现在，从瓷化程度、胎体选择、均匀程度等诸多方面，在质量上没有任何的下降的迹象，即使在辽、金、元等少数民族统治的时期，或是在朝代更迭的时期，有很多名瓷（图 2-25），如宋代的官、哥、汝、定、钧等五大名窑都消失殆尽，但中国古代黑瓷还是在一如既往的坚持，如在瓷化程度、温度以及造型等各个方面不因时事的变化而变化，本书认为这就是黑瓷在胎体之上所显示出最本质的艺术品特质，归根结底就是一种虔诚、一种坚持。鉴定时应注意分辨。

规整

中国古代黑瓷胎体在规整程度上特征十分鲜明（图 2-26），通常几乎所有的黑釉瓷器在造型上都非常规整，我们有可能会发现这样一个情况，如宋代的瓷业非常发达，定窑白瓷是宋代的一个标志，也是宋代五大名窑之一，但我们却可以看到宋代定窑白瓷中有很多在胎体规整程度上有问题，可以说变形器都时常有见，但是对于黑瓷来讲几乎杜绝了变形器的存在，无论是在早期还是晚期，如东汉六朝、隋唐五代、宋元明清时期都是这样，由此可见，中国古代黑瓷在胎体的规整程度上普遍比较好，实际上这也是中国古代黑瓷所坚持的、以烧造实用器为己任，拓展其生存空间和生命的唯一理念。但从概念上看，实际上胎体规整是一种程度，它并没有一个尺寸意义上的标准，如一个黑瓷碗究竟什么样的器皿算是规整，或是究竟怎样是不规整，而是完全取决于人们的视觉，只要感觉规整，那么这就是一件规整的瓷器。从精制程度上看，中国古代黑瓷在胎体规整程度上与精致程度的关系不明确，原因就是基本上所有的黑瓷在胎体上都是规整的，所以才造就了无论是精致、普通，甚至是粗糙的黑瓷在胎体上都是规整的这一鉴定要点。鉴定时注意分辨。

▲图 2-26　造型规整的黑瓷钵　宋代

重量

中国古代黑瓷在重量上基本有着一致性的特征，特点是整个器皿略重（图 2–27），原因有二：一是黑釉瓷器在原料选择上比较普通，使用高岭土多是一些较为普通的高岭土料，在黏土及掺和料上也是这样。二是胎体以略厚胎为主，胎体并不薄，这两个原因加在一起就使得中国古代黑瓷在胎体重量上比较重，轻盈的情况也有见，但主要是一些精致的瓷器，比如建窑烧制的最为精致的茶盏，由于在胎体上比较薄，用料上优质，所以整个器皿给人的感觉是比较轻盈，但是这种瓷器在数量上非常少，就拿建窑来讲绝大多数的茶盏在胎体上还是比较厚的。这一点我们在鉴定时应注意分辨。

▲图 2–27　胎体厚重的黑瓷瓶　宋代　林业

细腻

中国古代黑瓷在胎体的细腻程度上通常是比较好（图 2-28），但是显然没有达到最好的程度，如像汝窑瓷器“香灰胎”那样不仅在胎色上而且在视觉上、手感上都达到了无可挑剔的程度。但是黑瓷显然不是这样，其胎体的细腻程度，只是我们视觉上的比较细腻，黑瓷自身相互比较的一种细腻程度，如果我们仔细观察就会发现这些所谓的黑瓷的细腻胎体在细腻程度上多少还是有一些问题，如杂质的存在，有的情况下还有夹砂的情况，气孔也是常见，因此中国古代黑瓷在胎体细腻程度上实际上只能说是比较好，较为粗糙的情况时常有见。从成因上看，胎体的细腻程度主要与胎体的淘洗有着密切关联，实际上黑釉瓷器在胎体细腻程度上出现问题的情况，基本上与胎体的选料有关，因为黑瓷在烧造态度上还是比较严谨的，这是其一贯的作风，但是如果在原料上选择有问题，即使淘洗得十分精练，也不可避免在胎体的细腻程度上会或多或少地出现问题。从时代特征上看，中国古代黑瓷在时代特征上比较明显，各个历史时期都有见，而且表现出了均衡化的特征。从窑口上看，专一烧制黑瓷的窑口，在黑瓷胎体的烧制上通常比非专业烧造黑瓷的窑场要精致一点，无论从选料还是淘洗上都是这样，这一点我们在鉴定时应注意分辨。

▲图 2-28　胎体细腻的黑瓷标本　宋代

疏松

中国古代黑瓷中胎体疏松者有见（图2-29），但是数量很少，一般情况下墓葬、遗址当中都很少见，只有一些遗址当中，比如说大的城址当中整理成千上万的黑瓷标本时可能会发现一些胎体疏松的情况，这种黑瓷有的时候介于陶器和瓷器之间，多为一些大型的器皿，如缸、瓮等，由于这些器皿多是一些盛储器，胎体非常厚，造型比较大，在当时人们的思想当中可能也认为它是介于陶器和瓷器之间的一种器皿，所以在思想上放松了对选料等环节的要求，所以在胎体上出现了胎体疏松的情况，但这种情况在黑瓷当中数量很少，如果与总量相比几乎可以忽略不计。关于胎体疏松的黑瓷在本质上究竟属不属于黑釉瓷器？可能在学界还有些争论，但是本书认为这些大型器皿应属于黑釉瓷器的一种，但是属于与碗、盘、碟、壶、瓶等这些日用瓷区分开的一种类型，它是黑釉瓷器专门烧制的一种大型器皿，它的功能是一定的，由于器物造型太大，成本过高，所以才出现胎体疏松这样一种情况。当然普通黑瓷也有胎体疏松的情况。我们在鉴定时应注意分辨。

▲图2-29　胎体疏松的黑瓷标本　金代

第三章 钧瓷

高岭土胎

钧瓷胎体在高岭土料的使用上没有波折，其自唐代鲁山窑花釉瓷器高岭土的使用已经十分普遍，宋元时期钧瓷高岭土的使用更是普遍，实现了以高岭土为主，非高岭土料为辅的格局。这一格局贯穿于钧瓷烧造的始终（图 3-1）。当然钧瓷之所以形成这样的格局与高岭土料自身固有的延展性好、坚固、易塑等诸多优点分不开。鉴定时应注意分辨。

▲图 3-1　高岭土胎钧瓷标本　宋代

1、从胎色上看，钧瓷常见的胎色主要有灰白胎、橙色胎、黑胎、褐胎、灰胎、青灰胎、香灰胎、红胎、砖红胎、铁青胎等，由此可见，钧瓷在胎色上较为繁杂。这些色彩中多数与高岭土有着密切的关系，不同的高岭土矿所呈现出的色彩不同，如在洛阳附近新安县常见有铁青和青灰胎的元代钧瓷；而在明代一些钧瓷之上有见白色胎体者；但有一些胎色明显与高岭土无缘，如，橙色胎、土黄胎等，基本上都不是高岭土胎；当然也有一些钧瓷的胎色既有高岭土料，也有非高岭土料，如，橙色胎、红胎、褐胎等。总之，高岭土与胎色的关系我们在鉴定时应注意分辨。从精致程度上看，钧瓷胎色主要以色彩纯正程度为显著特征，纯色对应的多是精致瓷器，如香灰胎对应的多为精致的类汝似钧釉瓷器；而铁青对应的多为普通钧瓷；砖红或者红褐等色彩所对应的往往是较为粗糙的钧瓷。但总的来看，钧瓷高岭土胎以青、灰、黑、褐等色彩为基调（图 3-2）。鉴定时我们应注意分辨。

▲图 3-2　灰胎钧瓷花口沿　宋代

2、从时代上看，中国古代钧瓷在各个历史时期对于高岭土料都是非常重视，以选用优质料为显著特征，但相比较而言，钧瓷高岭土料在质量上最好的时代应该是其鼎盛期的宋代（图 3-3），尤以鼎盛期的官窑之中的精品瓷器为显著特征，如宋代被广泛认为是官窑的河南禹县八卦洞窑，在高岭土料的选用上可谓是极尽心力，非常的精细，几无缺憾。其他历史时期和非官窑性质的窑场在高岭土料的选择上优良程度没有那么高。总的来看，高岭土胎在时代特征上可以划分为四个阶段：一是北宋，二是金代，三是元代，四是明清。第一个时期高岭土的质量普遍较高。第二时期高岭土的质量有所下降。第三个时期高岭土质量继续下滑。第四个时期钧瓷高岭土的质量又略有恢复，但此时的钧瓷在整个数量上已经是比较少见。

▲图 3-3　高岭土胎钧瓷标本　宋代

3、从窑口上看，钧瓷在窑口上特征比较明确，但钧窑内部比较复杂，它并不是某一个单独的窑场，而是一个巨大的窑系（图 3-4），钧瓷自唐代鲁山窑开始酝酿，北宋时期烧造成功，河南禹县的钧台窑和

▲图 3-4　高岭土胎钧瓷窑系产品　宋代

八卦洞窑非常的著名，都曾经为宫廷烧造过瓷器，虽然称不上真正意义上的官窑，但从传世的钧瓷胎体上看，烧造水平却是达到了相当高的水平，不次于任何一个时代的官窑水平。钧瓷的成功极大地刺激了钧窑的发展，从出土器物上看，钧窑在很短的时间内就以河南禹县为中心向周边扩散，从目前发现的情况来看，距离它比较近的白坪窑深受其影响，烧造出了著名的类汝似钧釉产品，在胎体上多数使用高岭土。在钧窑向外扩张的过程当中，白坪窑只是一个缩影，实际上钧窑此时的扩张已经无法阻挡，它不仅仅是跨越了禹县，而且走向了全国，在金元时期甚至上海等地都发现了烧造钧瓷的窑场，以及大量的钧瓷，包括海南岛等都有见，形成了巨大的瓷窑系统。另外，钧窑在发展过程当中还有一个特别的现象，就是烧造的重点由其策源地发生了改变，如到元代实际上钧窑烧造的重点已经西移，从河南禹县转移到了豫西新安县附近，仅在新安县境内就发现钧瓷窑场 100 多处。由此可见，钧窑演变具有相当的复杂性，不过在这些复杂的演变过程当中，钧瓷高岭土胎的主流特征基本上没有改变。鉴定时注意分辨。

黏土料

钧瓷胎体当中黏土料常见，墓葬和遗址中都有见，从胎体横截面来看黏土胎还是比较复杂，真正纯黏土胎的数量很少见，可以说是偶见，多是一些掺和料，如黏土和砂子混合在一起的夹砂料，以及夹云母料和夹蚌料等，没有规律性，随意掺和在一起。这样掺和的目的一是为了增加其坚固的程度，二是为了降低钧瓷的成本，以实现钧瓷所追求的“通销天下”的梦想（图 3–5）。鉴定时应注意分辨。

▲图 3–5　黏土料钧瓷碗　宋代

1、从胎色上看，钧瓷胎体在胎色上比较局限，出现的多是黏土经过高温焙烧过后的色彩，如橙色、黄褐、土黄、灰黄、红色、橙红、红褐等；特别是掺和料的色彩比较杂，纯正者很少见，但对于钧瓷来讲，在色彩上的这些变化十分微弱，所谓不纯正，并不像我们想象中的那样明显。鉴定时注意分辨。

2、从时代上看，钧瓷黏土胎及掺和料伴随钧瓷史，宋代使用黏土胎较少，金元时期逐渐增多，但这一数量上的特征也是从整体上看是这样，在局部环境下这一特征表现并不是很明显。

3、从窑口上看，中国古代钧瓷在漫长的发展过程当中形成了巨大的瓷窑系统，宋元时期中国有数以千座的窑场在烧造钧瓷，这些窑场在黏土及掺和料的使用上相互之间有差别，但基于钧窑民窑性质的特征，多数窑场在钧瓷的生产上依然不断使用黏土及掺和料。只是从官窑和民间窑场性质上略有区分，从实物来看具有官窑性质的窑场，如禹县钧台窑和八卦洞窑为宫廷烧造的瓷器中很少见到黏土料的胎体，而民窑产品看起来并没有过于规律性的特征，有时看起来釉面很精致者，胎体也难免是黏土胎（图 3-6），这种情况都很常见。

4、从精致程度上看，钧瓷黏土料与精致程度有一定的关系，但这种关系若隐若现，并不紧密。关系最为紧密者当属为宫廷烧造的钧瓷，这样的钧瓷精美绝伦，多使用高岭土胎，使用黏土胎的可能性几乎为零，但这种瓷器的数量在宋代非常少，如果与总量相比，几乎可以忽略不计。非宫廷钧瓷在精致程度上与黏土胎的关系并不明确，可以说精致、普通、粗糙者都有见。鉴定时我们应注意分辨。

▲图 3-6　黏土料钧瓷标本　宋代

淘洗

钧瓷淘洗是在选料之后的一道必需的工序，将瓷土像淘米一样淘洗干净，这样才能保证钧瓷胎体洁净、细腻，以及致密的程度，钧瓷自宋代产生之日起，在淘洗上就具有鲜明的时代特征，精益求精贯穿于钧器始终（图3-7）。鉴定时注意分辨。

1、从胎色上看，淘洗与钧瓷的胎色有一定的关联，但紧密程度有限，主要呈现出多元化发展的趋势，钧瓷胎色以青灰色调为显著特征，最为精致的胎体多为青、灰色调，这一点同著名的汝窑是一致的，区别只是钧瓷在色彩上表现出了太多的参差不齐，常见到的胎色就有青褐、青灰、黑褐、黄褐、黄白、浅红、深褐、香灰、灰白、洁白、黄白等色。当然，淘洗精练程度也随着这些色彩的多元化而逐渐下降，其规律性特征很明确，以纯度为显著特征，纯度越高淘洗越精练，反之则亦然。鉴定时要注意分辨。

▲图3-7　淘洗精练的钧瓷标本　宋代

2、从原料上看，钧瓷原料选择特征比较复杂，与淘洗的关系密切，精致瓷器选料精良，普通和粗糙则逐渐次之；而淘洗也是这样，基本上呈现出正比的关系。从窑口上看，为宫廷烧造钧瓷的窑场，如著名的钧台窑和八卦洞窑在高岭土的选料上多优质，淘洗自然精练；而非官窑性质的钧瓷系窑场子，在选料选择以及淘洗精练程度上差一些（图3-8）。从地域上看，特征并不是太明显。

▲图 3-8　淘洗精练的钧瓷标本　宋代

3、从时代上看，钧瓷在原料选择上主要以宋代为显著特征，最为精致，而与之相对峙的金代钧瓷，以及后来的元钧，在原料选择上明显不如宋代精良，主要是态度上有所松懈，同时在淘洗精练程度上也呈现出下降的趋势。

4、从精致程度上看，淘洗与钧瓷的精致程度有密切关系，可以说精致、普通、粗糙者都有见，但由于钧瓷从数量上看过于精致者很少见，同时过于粗糙的瓷器也很少见，主要以普通钧瓷为主（图 3-9）。由此可见，在淘洗上也是这样，过于精练者少见，同时淘洗粗略者也少见，主要以普通精练程度为主。鉴定时应注意分辨。

▲图 3-9　普通钧瓷标本　宋代

胎色

1、种类。钧瓷在胎色上特征鲜明，常见的主要有青灰、浅灰、深灰、灰黑、香灰、灰黄、铅灰、微红、黄色、黄白、浅砖红、浅红、褐色、浅褐色、红褐、紫红、褐红色、土黄色、灰白等胎色，可见钧瓷在胎色上种类十分丰富，各种色调的色彩都出现了，可以说是集历史上出现过的胎色之大成。只不过是在出现的频率上有不同之处而已。下面我们来看两则实例色彩：

（1）青灰胎

背景信息：钧瓷青灰胎常见，时代贯穿于钧瓷始终，墓葬和遗址都有出土，在总量上有一定的量，是钧瓷中最为主流的色彩之一（图3-10）。鉴定时应注意分辨。

▲图 3-10　青灰胎钧红釉底足标本　宋代

鉴定要点：

①从色彩上看，青灰胎是一种复色，青色与灰色完美地交融在一起，但其色彩相当稳定，显然已经形成了一种全新的色彩。

②从造型上看，青灰胎的钧瓷在造型上与胎色似乎并没有过于紧密的关联，并没有表现出某种器物造型对于某种胎色有着特定的选择。

③从时代上看，钧瓷青灰胎者各个历史时期都有见，从钧瓷产生的宋代直至元明，但从出现的频率上以宋元为最常见，金元次之，明代数量最少见。

▲图 3-11　青灰胎钧瓷标本　宋代

④从窑口上看，钧瓷青灰胎窑口特征主要通过窑系来表现，窑系中成千上万的窑场所烧制出的钧瓷，青灰胎者都比较常见（图 3-11），在数量上没有过于规律性的特征。鉴定时注意分辨。

⑤从精致程度上看，青灰胎与精致程度的关系十分密切，青灰胎的瓷器多精致者，但从数量上看应该主要是以普通瓷器为多；粗糙瓷器也有见，但从比例上看青灰胎的比例有所下降。

（2）灰黑胎

背景信息：灰黑胎的钧瓷时常有见，从数量上看，墓葬和遗址内都有见，在总量上有一定的规模，为钧瓷胎色的重要一极。

鉴定要点：

①从胎色上看，钧瓷灰黑胎是一种复合色彩，灰与黑完美地融合在一起，色彩稳定，偏色很少见，基本上形成了一种独立的色彩。

②从时代上看，灰黑胎的钧瓷在时代上具有鲜明的特征，宋代多见精品力作，金代钧瓷精品的数量有所减少，元代钧瓷在精品瓷器数量进一步地减少，精品瓷器基本上属于偶见的状态。普通的瓷器各个历史时期都比较丰富（图 3-12）。灰黑胎的粗糙瓷器在时代上与精品瓷器刚好相反，宋代最少见，金元时期比较多见，尤以元代数量为最多。

▲图 3-12　灰黑胎钧瓷标本　宋代

③从窑口上看，灰黑胎的钧瓷在窑口上以窑系为显著特征，宋、金、元等各个历史时期窑场都有烧造，没有过于复杂性的特征，但从数量上看主要以金元为多见；从地域上看以元代豫西地区为主，如，新安县境内已发现的 100 多处窑场大量见这类瓷器。鉴定时应该注意分辨。

2、相近性。中国古代钧瓷在相近性上特征鲜明：

深灰——浅灰

青灰——香灰

灰褐——灰黑

土黄——黄褐

由上可见，古代钧瓷在胎色上相近性的特征十分鲜明，其色调的确是比较相近，如深灰和浅灰的色彩仅仅是灰度上的不同，它们二者在色彩上的相近性只是一步之遥，不过由上可见，中国古代钧瓷在色彩上相近性主要集中在青、灰、黑、褐色等基调之下（图 3-13）。

▲图 3-13　灰黑胎钧红釉标本　宋代

其他的色彩在相近性上并不是很好，如橙、黄、红等传统色调。我们在鉴定时应注意分辨。

3、差异性。从色彩差异上看，钧瓷在胎色上处于不同的色彩阶段，差异性比较大：

纯白——灰黑

橙色——青灰

钧瓷在色彩对立上比较严重，相对立的色彩差异性很大，如纯白和灰黑的色彩几乎两极化的色彩，这说明钧瓷在胎色上进行了广泛的尝试，并不排斥任何一种色彩的发展，只是在出现的频率上有区别，但胎色的形成客观上原因很多，如地域、时代、窑口、原料等都会影响到钧瓷在胎色上的表现，如橙色及其衍生色彩多数与黏土料有关，或者与掺和料有关。这一点我们在鉴定时要注意。

4、数量。钧瓷胎色的数量特征非常的复杂，它不是一个简单的统计上的问题，不过目前对于数量特征的判定主要还是依据出土器物为标准，钧瓷在这方面的表现很明显，主要以青、灰、黑等为显著特征（图 3-14），橙、红、白等色在数量上处于极少数的地位。鉴定时应注意分辨。

▲图 3-14　灰黑胎天蓝釉钧瓷标本　宋代

精细胎

中国古代钧瓷精细胎是其主流特征之一，多数钧瓷使用高岭土为料，选料优良、淘洗精练、致密、细腻，从胎体横截面上看多给予人们的是一种震撼。钧瓷精细胎主要有以下几个特点：

①时代性

②窑系性

③色彩性

1、从时代性上看，宋瓷时常有见精致的钧瓷胎体，多数表现为细腻、致密、瓷化程度相当高，从精细程度上看达到了历史之最，成为宋代与官、哥、汝、定齐名的五大名窑之一，当然这与宋代中国古代瓷器处于鼎盛期有关，这一时期瓷器在烧造技术上达到了相当高的水平；金代钧瓷在胎体精细化的程度上略有下降，这与金代少数民族的统治有关，许多窑口的工匠南迁，导致了著名汝窑包括钧窑系的许多著名窑场都消失了，金代统治区域内的钧瓷窑场在技术和烧造态度上都有所下降。元代钧瓷当中精细胎的钧瓷进一步地走下坡路，精细胎的钧瓷下降得很厉害，精细的胎体基本上为偶见的状态。当然这与中国古代瓷器在元代崩溃有着直接的关系。这一点我们在鉴赏时要注意。

2、从窑系性上看，精细胎的钧瓷在窑系上的表现十分明晰（图 3–15），主要是以具有官窑性质的窑场和民窑的区别为显著特征，如曾经为宋代宫廷烧造过钧瓷的河南禹县的钧台窑以及八卦洞窑在精细胎上明显比较多，这显然是受到为宫廷烧造瓷器的影响，这些窑场的民间用瓷也有很多是普通胎体或者是粗糙者，这一点我们在鉴定时应注意分辨；而民间窑场所产的钧瓷精细胎者有见，但从数量上与普通瓷器相比，可以说是天壤之别，几乎没有可比性。从时代上看，宋代钧瓷各窑系的窑场精细胎的数量有

▲图 3–15　精细胎钧红釉瓷器标本　宋代

一定的比例，但这个比例绝对占据不到主流地位；金元时期窑系中的窑场在精细胎的数量上逐渐下降，以至在元代很少见到精细的胎体。鉴定时应注意分辨。

3、从色彩性上看，精细胎的钧瓷在胎色上具有鲜明的特征，从胎色上看，主要以青、灰、黑等色为重，以香灰胎为最好，但真正能够达到香灰胎色者不多，多以青灰胎等为多见，如与汝窑比较近的白坪窑所生产的类汝似钧釉瓷器，被认为是仅次于汝窑和钧瓷的瓷器，其中青灰胎色者就比较常见。胎色与精细胎的关系往往会有一定的时代和窑口限制，以及是否具有官窑性质等，如，钧瓷中北宋时期的八卦洞窑瓷器中就多见精细胎者，在胎色上有时可见少量的香灰胎色。而民窑性质窑口在胎色与精细胎上这种关系则不明确，一般都是以青、灰、黑、褐等为基调的渐变色，而橙、黄、红、紫、砖红等色彩的钧瓷较少见到精细胎。鉴定时应注意分辨。

中国精细胎的钧瓷从数量上看，虽然各个时代都有一些，但其总量远低于同时期普通和粗糙钧瓷，墓葬和遗址都有出土，主要以墓葬出土为主，其件数特征上一到几件不等，窑址和城址内所见基本上以碎片为主（图 3-16）。从器物造型上看也没有过于复杂的特征，钧瓷碗、盘、洗、瓶等日常生活用具为多见，但相比较而言，其数量还是以钧瓷碗、盘、洗、花盆等小件器皿为主。总之，中国古代精细胎瓷器虽然数量不多，但成就极高，人们对于钧瓷美好的印象大多来源于这些精致瓷器。鉴定时应注意分辨。

▲图 3-16　精细胎钧红釉瓷器标本　宋代

略粗胎

钧瓷中略粗胎时常有见，略粗胎是一种介于细胎和真正粗胎之间的胎体，这类胎体有明显的缺陷，可以看到一些明显的颗粒状的杂质，同时往往还伴随有规整程度、瓷化程度、疏松、气孔、变形等诸多特征，但这些特征一般情况下都是不会集中出现在一件钧瓷之上，而多是分散存在，如在一件钧瓷之上可能出现一两种的缺陷，或者是出现数种，但一般情况下这数种缺陷会表现得比较微弱。从数量上看，钧瓷略粗胎在总量上有一定的量，是钧瓷胎体当中的重要一极。鉴定时应注意分辨。

▲图 3-17　略粗胎钧瓷标本　宋代　林业

1、从时代特征上看，钧瓷略粗胎在时代特征上模糊，各个历史时期都有见，宋代略粗胎的钧瓷十分常见，数量有一定的量；金代也有见，但与宋代相比数量显然比宋代要多（图 3-17）；元代在略粗胎的数量上进一步增加，基本上占据主流的地位。

2、从窑系上看，钧瓷窑系特征明确，官窑性质的窑场很少见到略粗胎体，而民窑略粗胎的钧瓷则很常见。这一点我们在鉴定时要注意分辨。

3、从精致程度上看，略粗胎的钧瓷在精制程度上特征很明确，精细胎、略粗胎、粗胎者都有见，但对于钧瓷而言，从宏观上看钧瓷主要以略粗胎为显著特征，略粗胎对应着在数量上最多的普通瓷器。鉴定时应注意分辨。

粗胎

钧瓷中粗胎者有见，其显著特征是有一些较为严重的缺陷，如杂质、偏色较甚、串色、变形、瓷化程度、胎质疏松、胎内有气孔等诸多特征（图 3-18），与略粗胎有区别的是，这些特征较为集中地集合在了一起，同时伴随着多种缺陷出现，这样就很容易形成粗糙的胎体；但也有胎体上只有一种缺陷，如胎质疏松，但疏松的程度比较严重，这样也能形成粗胎，不过多数粗胎都是同时伴随着多种缺陷在一起的情况。从数量上看，粗胎的钧瓷在总量上比较大，墓葬和遗址基本都有出土，以遗址出土为多，墓葬中钧瓷粗胎者较少见，可以说基本上为偶见。

▲图 3-18　粗胎天青釉钧瓷标本　宋代

1、从时代特征上看，粗胎的钧瓷在时代特征上比较明确，各个时代都有见，北宋时期有见，在各个生产钧瓷的窑场中都有见，这与其民间窑场的性质有关，因为是民窑所以就会有不同的需求层次，不仅仅要烧造精美绝伦的钧瓷产品，也要烧造贫穷人家所需要购买的价格低廉的粗胎瓷，这一点很容易理解，但北宋时期钧瓷粗胎的数量显然不占主流，而是处在角落里；南宋时期也是这样，基本上延续了北宋时期的特点，同样粗胎的钧瓷不占主流；金代由于少数民族的统治，钧瓷粗胎的情况开始有了一些微小的变化，呈现出上升的趋势，很多粗胎的钧瓷器皿出现了，可以说在金代粗胎的钧瓷并不鲜见，但显然与普通胎体相比，其依然占据不到主流的状态；元代钧瓷在烧造质量和态度上全面下滑，粗胎的数量进一步增加，十分常见，在总量上有一定的量，但其仍然占据不到主流地位。这一点我们在鉴定时应注意分辨。

2、从窑系上看，粗胎的钧瓷在窑系上特征明确，在钧瓷庞大的瓷窑系统中不同的窑场都有可能会烧造粗胎瓷器，只不过是这些粗胎在出现的频率上有多少之分。通常情况下宫廷用钧瓷中基本不会见到粗胎者，如著名的宋代河南禹县八卦洞窑生产的部分瓷器就是这样，而民窑瓷器中则很容易见到钧瓷粗胎者；从地域上看，一些大城市周边的钧瓷窑场烧造粗胎者很少见，而一些偏远地区或者是乡村级窑场所生产的钧瓷在粗胎的比例上居高不下；从时代上看，宋代钧瓷系中的诸窑场所烧造瓷器多比金元时期质量要优，特别是在粗胎的数量上并不是很常见，而金元时期的窑场则在粗胎的数量上明显比宋代严重。鉴定时应注意分辨。

3、从精致程度上看，钧瓷粗胎与精致程度的关系十分密切，这一点是显而易见的，粗胎的钧瓷很少见有过于精致的瓷器，但普通的钧瓷中有见（图 3-19），不过数量很少，多数对应的还是粗糙的瓷器，这一点我们在鉴定时要注意分辨。

▲图 3-19　粗胎天蓝釉钧瓷标本　金代

夹砂胎

钧瓷胎体夹砂的情况有见，夹砂胎是指胎体内夹杂有一些沙砾，而且可以明显地观测到，我们来看一则实例，“钵 6 件。J ：24，夹砂”（黑龙江省博物馆田华、胡秀杰、李桂芹、贾凤致、王秀文：《黑龙江哈尔滨市郊发现元代瓷器窖藏》，《考古》，1999 年 5 期）。由此可见，钧瓷夹砂胎者还是经常有见，这说明钧瓷胎体并不避讳夹砂胎体的存在，只是夹砂胎严重与轻微的区别。下面让我们来详细地看一看：

1、从数量上看，并不是每一座墓葬都会出土夹砂胎体的钧瓷，主要以遗址出土为常见，特别是以城址为显著特征，有时能见到数十上百件的情况，墓葬出土数量很少见，由此可见，夹砂胎的钧瓷在总量上并不大。

2、从色泽上看，钧瓷夹砂胎的沙砾在色泽上比较复杂，可以说各种色泽都涉及了，如白色颗粒、黄褐色、灰白、青色、黑褐等色都有见（图 3-20），沙砾的颜色与其精致程度没有直接的关联，但通常情况下沙砾的色彩与胎色相近者胎体较为精细，这对应了精致瓷器胎体色彩均匀的特征，这一点是显而易见的。另外在沙砾色泽出现的频率上，同样以青、灰、褐、黑等为主，数量最多，其他色彩比较少见。

▲图 3-20　夹砂胎钧瓷标本　宋代

3、从轻微与严重上看，钧瓷夹砂以轻微者多见，严重夹砂的情况并不是很常见，这是主流。从概念上看，只要我们的视觉能够观测到的，那么就属于轻微夹砂的情况，这种夹砂在钧瓷中比较常见，各个历史时期都比较常见；从精致程度上看多以普通钧瓷为常见，粗糙器皿之上也有见。而严重夹砂的情况则刚好相反，通常很少见到严重夹砂的现象，大颗粒的沙砾的确很少见，这与钧瓷是一种世俗化的艺术品有关，钧瓷毕竟是宋代五大名窑之一，有其独特的精神文化内涵，所以即使再粗糙的钧瓷也不会在胎体上粗糙到我们想象的糟糕程度，这一点是显而易见的。我们鉴定时要注意分辨。

4、从时代上看，中国古代钧瓷夹砂胎的情况各个时代有见，北宋、南宋、金代、元代都有见，可以说是贯穿于钧瓷始终。但基本上各个时代都是以轻微夹砂为主要特征，严重夹砂的情况很少见，除了元代有一些以外，其他时代基本上都很少见，不过元代严重夹砂的数量也只是偶见，只是相对来讲比较多而已。夹砂胎最少的时代应该是宋代，金代夹砂胎的数量也有见。鉴定时应注意分辨。

5、从精致程度上看，钧瓷夹砂胎与其精致程度的关系是明确的，夹砂胎中很少见到精致的瓷器，这一点是可以肯定的（图 3-21）；但在普通瓷器中夹砂胎就有一定的表现，粗糙瓷器也是这样，不同普通和粗糙瓷器在夹砂胎上的特征亦不是很明显。鉴定时应注意分辨。

▲图 3-21　夹砂胎钧瓷标本　宋代

略厚胎

略厚胎的钧瓷比较常见，可以说这是钧瓷在胎体厚度上标志性的特征之一，这一点是非常明确的，因为略厚胎的钧瓷比较稳定，几乎从宋代开始就是这样，历经金、元、明等朝代都是这样，可以说贯穿于钧瓷的始终。从数量上看，略厚胎几乎占到中国古代钧瓷厚度特征的大部。从概念上看，略厚胎的钧瓷就是指有一定厚度的胎体，处于视觉上的厚胎和薄胎之间的胎体厚度，但这一概念绝不是尺寸意义上的标准，完全为一种视觉上的盛宴，以视觉为判断标准。

1、从造型上看，钧瓷略厚胎者几乎涉及所有的器物造型，如碗、盘、碟、罐、花盆、洗、觚、壶盏、托等都有见，略厚胎在器物造型上的表现具有鲜明的特征，这一点是与其他瓷器相区别的，如白瓷、青瓷等，其胎体的厚度主要是相对于器型，简单地说如瓷碟的器壁厚度多数比碗要薄，而瓷碗的厚度又要比瓷罐等要薄，原因是瓷碟所承受物重要比碗小得多。但钧瓷似乎极大地突破了这一点，就是钧瓷碗的厚度与钧瓷洗，以及钧瓷罐的厚度几乎相当，这显然是突破了以器物造型体积而定厚薄的传统，这是其一大创举，目的显然就是为了突出钧瓷的特点。这种创新我们在鉴定时要注意分辨。

2、从时代上看，钧瓷略厚胎有着鲜明的时代特征，虽然说各个时代的钧瓷略厚胎都是主流，但相比较而言，不同的时代还是有微小的区别，有着厚薄之分，但显然都不会突破略厚胎的范畴，下面我们来看一下这种区别：

（1）北宋：略厚胎的钧瓷相对来讲比较薄，比金代要薄，比元代要薄，比明代更薄。

（2）南宋：略厚胎的钧瓷与北宋很相似，基本上没有过于规律性的特征。

（3）金代：略厚胎的钧瓷较之宋代要厚，较之元代要薄，但与宋代相比变化的幅度不大。

▲图 3-22　略厚胎钧瓷碗　金代

（4）元代：略厚胎的钧瓷达到最厚，也就是略厚胎的极限（图 3-22），与宋代相互变化幅度还是不小。

以上我们在鉴定时要注意分辨。

3、从精致程度上看，略厚胎的钧瓷与精致程度关系较为模糊，精致、普通、粗糙的瓷器基本上都有见，基本上没有过于规律性的特征；从窑口和时代上看也是这样。鉴定时我们要注意分辨。

厚胎

钧瓷中真正厚胎者有见(图3-23),其胎体明显比略厚胎要厚许多,厚胎的钧瓷在墓葬和遗址当中都有见,特别是在城址当中可以说是时常有见,比较稳定,但从件数特征上看并不是很丰富,墓葬出土多为1—2件,遗址出土也多为数件到数十件的情况,大规模出土的情况基本上很少见,由此可见,真正意义上的厚胎显然并不是钧瓷胎体在厚薄上的主流。这一点我们在鉴定时要注意分辨。从概念上看,厚胎并没有尺寸意义上的标准,主要以视觉为判断标准。

▲图3-23　厚胎钧瓷标本　宋代

1、从造型上看,钧瓷厚胎涉及器型没有特定的规律性特征,这一点是显而易见的,如碗、盘、洗、碟、罐、花盆、洗、觚、壶盏、托等都有见,可见和略厚胎的瓷器基本相似,只是在出现的频率上与略厚胎相比要少得多。再者主要以窑场为显著特征,官窑性窑场器物造型中很少见真正意义上的厚胎，多存在于较小的民窑场之中。鉴定时应注意分辨。

2、从时代上看，钧瓷厚胎有着鲜明的时代特征，简单地说是宋、金、元等各个历史时期都有见，但在出现的频率上差异性很大，宋代为偶见，金代略有见，元代最多。但这只是相对于厚胎来讲的，如果和同时期的总量相比，无论哪个时代的钧瓷厚胎都是不占主流。

3、从精致程度上看，厚胎的钧瓷与精致程度关系较为密切，精致的瓷器之中很少见有真正厚胎者；普通瓷器中厚胎的瓷器偶有见（图3-24）；真正厚胎者多是以粗糙瓷器为多见，在粗瓷中时常有见厚胎者，但时代通常情况下多限制在元代。鉴定时应注意分辨。

▲图 3-24　厚胎钧瓷标本　宋代

瓷化程度

钧瓷在瓷化程度上特征明确，以瓷化程度高为显著特征，几乎所有的钧瓷在瓷化程度上都比较好，多数胎体致密、坚硬、烧造温度相当高，胎体已经完全被烧结，叩之可发出金属声，瓷化程度有问题的钧瓷只是偶见。从成因上看，瓷化程度高的钧瓷除了拥有选料、淘洗、烧造温度等一系列因素外，还应该拥有精益求精的烧造态度，而钧瓷在人们日常生活当中最普通的是实用器皿，多数器皿人们每日每餐都在使用，所以瓷化程度是钧瓷在客观上需要的，而这一动因也是钧瓷在瓷化程度上非常好的重要因素（图 3-25）。从精致程度上看，瓷化程度与钧瓷的精致程度并没有直接的关联，可以说精致、普通、粗糙的器皿都有见，并且在数量上也呈现出均衡性的特征。总之，钧窑之所以能够成为一个伟大的窑口，我们从它的瓷化程度上也可以看得出来，因为一般情况下胎体较厚的瓷器在烧造上都比较容易，可以用比较低的温度将其烧制成功，但钧瓷并没有因为其胎体以厚胎为主而降低烧造温度，这不能不说是它的伟大之处。鉴定时要注意分辨。

▲图 3-25　瓷化程度较高钧瓷标本　元代

气孔

钧瓷胎体有气孔者有见，墓葬和遗址中都有出土，墓葬出土数量多为 1 件，遗址出土钧瓷胎体有气孔者较少见，有见数件的情况，但如果与总量相比，有气孔的胎体显然并不占主流。鉴定时应注意分辨。

▲图 3-26　有气孔的钧瓷标本　宋代

1、从概念上看，有气孔的钧瓷显然是由于胎体疏松，在窑内烧造时形成的一种缺陷，与选料、淘洗、做工等诸多工序都有直接关系，但钧瓷由于烧造温度比较高，胎体选料等诸多方面都比较认真，所以虽然说有气孔的横截面胎体有见，但并不是特别的严重，多表现为某一处有 1—2 个气孔而已，已经把瓷器胎体气孔的概念微缩到了最小的程度。

2、从时代上看，理论上讲不论是宋代还是金元时期的钧瓷在胎体上都有可能会出现气孔（图 3-26），这一点是肯定的，但出现频率有着较大区别，一般来讲宋代钧瓷胎体有气孔的情况不是很常见，多以金元时期为主，特别是元代钧瓷之上时常有见胎体气孔者，但通常情况下这些气孔都不是太严重；同时这也说明金元时期的瓷器质量很明显是下降了。鉴定时应注意分辨。

3、从严重程度上看，钧瓷胎体气孔的严重程度存在着两个极端：一是非常轻微我们只有仔细观察才能看得到；二是孔洞较大，较为严重。轻微气孔的情况在钧瓷胎体上表现得并不是很严重，主要以严重气孔为显著特征，我们经常可以看到一些。

4、从形状上看，钧瓷胎体气孔的形状轻微者犹如针孔状，星星点点（图3-27），而严重气孔的形状一般为孔洞状，不规则的自然开裂者也比较多，局部分布，多为一两个分散或聚集在一起，看起来比较自然，没有规律性的特征。鉴定时要注意分辨。

5、从精致程度上看，钧瓷胎体气孔与瓷器精致程度没有必然的联系，发现精致、普通、粗糙的瓷器中都有见，并没有过于规律性的特征，可以从严重程度上看，粗糙瓷器相对较为严重一些，或者说孔洞大一些。由此可见，钧瓷对于气孔的形成其实还是非常重视的，这样一两个气孔的出现其实也正是说明了钧瓷杜绝了大多数的气孔，但我们知道从理论上看，气孔是不可能被完全避免的，只是无限地减少。而这一点钧瓷显然是做到了，因为我们在这里所谈到的钧瓷气孔，实际上大多数胎体之上都没有，只是个别瓷器之上才拥有的现象。鉴定时我们要注意分辨。

▲图 3-27　有气孔的钧瓷标本　宋代

杂质

钧窑是一个民间窑场，钧瓷为人们日常生活当中的用具，所以以钧瓷胎体之上有杂质的情况有见，这一点很容易理解。我们在鉴定时要注意分辨：

1、从概念上看，杂质的概念具有普遍性，从理论上讲任何胎体之上应该都有杂质的存在，即使淘洗再精练也是这样，但对于鉴定而言，只要我们的视觉观测不到，那么就应该视为匀净的胎体，这种胎体在钧瓷之上时常有见（图 3-28）。但钧瓷之上存在更多是轻微和严重的杂质，轻微杂质就是我们视觉能够感觉到，但并不是很严重，这样的杂质通常称之为轻微杂质。严重杂质的概念也比较容易区分，就是我们的视觉不仅能够观测到，而且很严重，如杂质颗粒比较大，色彩比较复杂等，这样的杂质我们称之为严重杂质。鉴定时应注意分辨。

▲图 3-28　胎体有杂质的钧瓷标本　宋代

2、从色彩上看，钧瓷杂质在色彩上的特点比较明确，多数有和胎色融为一体的特点，几乎成为胎体的一部分，我们很难辨认，有以此来形成匀净胎体的意图，由此可见，钧瓷对于杂质控制的重视。但有相当多的杂质还是表现出了和胎色相异者，但表现出和胎色相差别不大，这类杂质多出现在轻微杂质之上；严重杂质的色彩可能与胎色相差更远，多数是这种情况。鉴定时注意分辨。

3、从时代上看，钧瓷有杂质的胎体具有鲜明的时代特征，宋代钧瓷在杂质上相对来讲比较轻微，匀净的胎体较为常见，特别是为宫廷烧造的钧瓷在横截面上基本不见杂质，民用瓷在杂质上也不是很严重，多以轻微杂质为常见，严重杂质的情况比较少见。金代钧瓷胎体在杂质上的表现比宋代要严重，时常有见一些严重杂质，匀净的杂质几乎很少见，但依然是以轻微杂质为主流特征。元代钧瓷胎体杂质进一步向世俗化的方向发展，严重杂质的情况时常有见，匀净胎体的釉面衰落到了相当的程度。鉴定时要注意分辨。

4、从精致程度上看，钧瓷胎体杂质与精致程度在关系上十分密切，这一点很明确，钧瓷精致者很少见到严重杂质的现象（图 3-29），杂质多在普通和粗糙瓷器之上存在，但并不对等，不是说粗糙瓷器上的杂质一定比普通瓷器要严重，有的时候粗糙瓷器之上也可能有轻微杂质，而普通瓷器之上也可能杂质很严重，这一点我们在鉴定时要能够理解。

▲图 3-29　胎体有杂质的钧红开片釉标本　宋代

艺术品特质

钧瓷胎体的艺术品特质并不复杂，而是具有鲜明的时代特征，有的时候被宣泄得淋漓尽致；钧瓷虽是民间窑场，但在胎体上却是选料考究、淘洗精练、胎质细腻、致密、坚硬、厚薄均匀，特别是精致钧瓷很少发生胎色不稳定现象，这一切都使得精致钧瓷在胎体上无可挑剔，在这里钧瓷已然不仅仅是实用器，而是一种艺术品，一种大众化的艺术品，讲究的是极为深刻的文化内涵，这就是在胎体上向极限挑战，精益求精、毫无瑕疵、尽善尽美是它的极限，从实物上看，钧瓷显然是做到了这一点。钧瓷在艺术品特质上还极为追求"内外一致"，即胎体的精益求精和外表的精美绝伦一致性，散发出来的是一种由内至外的艺术之美，反映出钧瓷追求诚信和真、善、美的精神内涵。从时代上看，并不是每个时代在艺术品特质的表现上都是一致的，宋代表现最好，金元时期有所下降（图 3-30）。从窑系上看，具有官窑性质的窑场在艺术品特质上堪称典范，如宋代钧台窑和八卦洞窑为宋代宫廷所烧造的钧瓷，基本上都能将钧瓷的思想宣泄得淋漓尽致；但一般的民间窑场可能在这方面差一些，但如果我们仔细观察，都能够看到钧瓷在其艺术品特质上典型特征。我们在鉴定要引起充分的注意。

▲图 3-30　钧红釉荷叶罐　元代

规整

钩瓷在规整程度上普遍比较好，这与钧瓷略厚胎的胎体以及良好的瓷化程度关系密切，绝大多数钧瓷在规整程度上都比较好，基本上没有胎体变形的现象，胎体变形者多为偶见。从时代上看，中国古代钧瓷在规整程度上基本保持了良好的状态，但相对而言，以宋代钧瓷在规整程度上表现最好，金元时期略有下降，偶见有不规整的钧瓷。从窑系上看，不同时代的不同窑场基本上在规整程度上表现出了均衡化的特征，除了一些官窑性质的窑场所烧造的宫廷瓷器完全没有变形外，其他的瓷器都有可能发生变形现象，这与其官民窑的性质有关，官窑生产是不计工本，如果有烧造变形者，通常的情况是直接打碎；

▲图 3-31　造型略有不规整的钧瓷碗　宋代

而民窑生产的器皿与官窑刚好相反，是极讲究成本，只要变形不影响到实用，一般情况下还是会用来销售。不过从实际发掘的数量来看，变形的器皿都非常少见，如果与总量上相比钧瓷胎体变形者基本上可以忽略不计。这一点我们在鉴定时要注意分辨。从精致程度上看，胎体规整与钧瓷所对应瓷器的精致程度有一定的关联，从理论上看精致瓷器中变形器皿很少见，而普通和粗糙瓷器中则有可能见到变形器（图 3-31），但这只是从理论上看是这样的，从实际的情况来看，由于钧瓷在工艺上特别讲究，无论精致、普通、粗糙的钧瓷变形者基本都很少见。鉴定时应注意分辨。

细腻

中国古代钧瓷在胎体细腻程度上表现良好，在瓷化程度、窑裂、气孔、杂质、夹砂胎、胎体均匀程度、色彩稳定程度等诸多方面的表现都堪称一流，有效将各种缺陷降低到了最弱化的程度，从而保证了钧瓷胎体的细腻性，因此从数量上看，胎体细腻的钧瓷到处都是，墓葬和遗址当中都有见，墓葬出土多为一到几件，遗址出土数量众多，特别是城址出土钧瓷胎体细腻者有时一处就可以达到数千件，由此可见，胎体细腻的钧瓷在总量上规模巨大，细腻为钧瓷胎体的主流特征。这一点我们在鉴定时应该引起注意。当然，胎体略粗者有见，但从数量上看很少，远达不到主流的状态。从时代上看，胎体细腻这一点贯穿于整个钧瓷史，宋代是这样，金元时期也是这样；但相比较而言，宋代在胎体细腻程度上表现更好一些，金代由于整个制瓷技术和烧造态度的下降，所以在钧瓷胎体细腻程度上较之宋代略有下降，但下降的幅度不大，如果不仔细观察很难看得出来；元代在胎体细腻程度上更是这样，较之金代有一个下降的趋势，但与金代相比下降的特点也不是很明显，有时还不易看出，但如果与宋代相比就比较明显地能够看出一些差距，总之，从时代上看钧瓷在胎体的细腻程度上就是这样一个呈现下降趋势的阶梯式发展历程，鉴定时应注意分辨。从窑系上看，基本与时代差别不大，不同时代的各大窑场在细腻程度上都表现出了较良好的态势，这里就不再过多赘述。从精致程度上看，钧瓷胎体细腻程度与其精致程度有着密切的关系，可以说精致、普通、粗糙的钧瓷在胎体细腻程度上主流都是细腻（图3-32），即使粗糙的瓷器也是偶见有胎体细腻的情况。看来胎体细腻已成为钧瓷代代相传的一种共识。

▲图 3-32　细腻程度较高的“类汝似钧”釉标本　宋代

疏松

胎体疏松的钧瓷时常有见，胎体疏松与细腻是相对的，它形成的原因很多，如与选料不精、淘洗不精、烧造温度低等诸多原因都有关，无论哪方面出了问题，都有可能会造成钧瓷胎体的疏松（图 3-33）。但钧瓷胎体显然是以细腻为主，胎体疏松者很少见，墓葬当中很少见到，遗址中偶有见，由此可见，其总量非常少，与整个中国古代钧瓷相比基本上可以忽略不计。从精致程度上看，胎体疏松的钧瓷与精致程度上关系较为密切，也很明确，精致钧瓷中很少能够见到胎体疏松者，普通钧瓷基本上也不见，主要以粗糙钧瓷为主，可见二者是呈正比的关系。从时代上看，中国古代钧瓷具有鲜明的时代特征，各个时代都有见，只是在数量上略有差别，通常宋金时期都很少见，元代有见一些，但数量很少。这一点我们鉴定时要注意分辨。

▲图 3-33　胎体疏松的钧瓷标本　宋代

第四章 白釉画花瓷

高岭土胎

背景信息：白釉画花瓷器在用料上比较复杂，从主流上看显然是以高岭土为料，大多数较为精致的白釉画花瓷器都是高岭土烧造（图 4-1），但由于民间窑场在成本使用等各方面的复杂性，导致了从绝对数量上看高岭土胎并非占据绝对统治地位，非高岭土料的黏土和掺和料也占有相当的地位。我们在鉴定时应注意这一事实。

▲图 4-1　高岭土烧造白釉画花瓷器横截面　宋代

鉴定要点：

1、从胎色上看，高岭土胎在色彩上也比较复杂，从大的色彩类别上就可以分为白、灰白、青、灰、黑褐、铁青等，不同精致程度的高岭土胎所对应的胎色各异，如细白胎对应精致白釉画花瓷器，灰白胎对应普通白釉画花瓷器，白褐胎或者是灰褐色对应的多为粗糙的瓷器。但这些情况也不绝对，有见黑褐色的胎体，黑色与褐色的完美的融合，显然已经形成了一种新的纯度较高的独立色彩（图 4–2），像这种胎体的白釉画花瓷器在精致程度上有的也是非常好，因此白釉画花瓷器胎色并不是区别精致程度的标准，而主要是以胎色的纯正程度来区分。鉴定时要注意分辨。

▲图 4–2　高岭土料白釉画花瓷器　宋代

2、从时代上看，宋代高岭土在质量上达到了白釉画花瓷器的顶峰，出现了一些精品；元代基本上保留了这一传统；明清延续。

3、从窑口上看，宋代磁州窑白釉画花瓷器达到一个相当高的水平，但相对于画风、情趣、造型等各个方面，在高岭土选料上的水平略显薄弱，虽然有见精细者，但无法与白釉画花瓷器其他特征相互媲美。元明清时期由于深度民窑的影响，这一特征基本没有被改变过。

4、从精致程度上看，白釉画花瓷器在高岭土选料上与其精致程度关系密切，优质、普通、粗质的 3 种高岭土矿分别对应的是精致、普通、粗糙的白釉画花瓷器。从时代上看宋代多见精致者，元明清依次递减。

黏土及掺和料

背景信息：黏土及掺和料比较复杂，黏土显然属硅酸盐材料的一种，包括细泥料、普通泥质料等；掺和料对于白釉画花瓷器而言多呈现出无规则性，如夹砂料、夹云母料、夹蚌料等，与黏土搅拌在一起使用的情况，在白釉画花瓷器之上都十分常见。不过黏土及掺和料的盛行使我们看到了白釉画花瓷器深度民窑的本质。

鉴定要点：

1、从胎色上看，黏土及掺和料在色彩上呈现出复杂性的特征，几乎没有色彩上的限定，不过在色彩出现的频率上有较大区别，砖红、橘红、橙色、黄褐等色比较常见，而白胎和灰白胎比较少见，同时深灰、铁青等色也比较少见。鉴定时应注意分辨。

2、从时代上看，白釉画花瓷器黏土及掺和料胎自白釉画花瓷器产生就有（图 4–3），并贯穿始终，宋元明清时期都是深度流行，从磁州窑白釉画花瓷器标本的横截面上可以清楚地看到黏土及掺和料淘洗多细腻，色彩纯度比较高。

3、从窑口上看，磁州窑白釉画花瓷器中发现有黏土及掺和料胎的白釉画花瓷器，数量占到相当的程度，基本上与高岭土胎平分秋色，黏土及掺和料胎在质量上也达到了相当高的水平，与高岭土胎的白釉画花瓷器也是不相上下。

▲图 4-3　掺和料白釉画花瓷器　宋代

4、从精致程度上看，白釉画花瓷器黏土及掺和料胎在精致程度上较为分散，精致、普通、粗糙者都有见，真正精致的白釉画花瓷器仅在宋代磁州窑白釉画花瓷器中有见，其他时代多以普通和粗糙器皿为显著特征。

淘洗

背景信息：淘洗是白釉画花瓷器在选料之后的一道必需的工序，白釉画花瓷由于深度民窑的特征，反而使其尤重胎体淘洗（图 4-4），而且这一特征十分鲜明。鉴定时要注意分辨。

▲图 4-4　淘洗精练的白釉画花瓷器标本　明代

▲图 4-5　淘洗略精练的白釉画花瓷器横截面　宋代

鉴定要点：

1、从胎色上看，白釉画花瓷器在胎色上与淘洗关系紧密，主要体现在色彩的纯度上，淘洗精练的胎色纯度高，胎质细腻，杂质被控在极小范围内。白釉画花瓷器在色彩上衍生性不是很严重，无论是单色还是复色，在色彩上多数都比较纯正。由此可见，白釉画花瓷器虽然是民窑性质，在选料上可能存在一些问题，但在烧造瓷器的态度上始终精益求精，而且有以此来补拙的倾向。

2、从原料上看，白釉画花瓷器原料与淘洗的关系并不密切，或者是说这种关系比较微弱，特别优质的高岭土料可能在淘洗上会更精练一些（图 4-5），但整体上看白釉画花瓷器无论是对于优质还是普通高岭土料，以及黏土和掺和料在淘洗上都是比较精致，淘洗粗糙者为偶见。

3、从时代上看，宋元以及明清时期的白釉画花瓷器在淘洗上区别不大，或者说区别比较弱化，相比较而言，可能宋代由于处于瓷业发展的鼎盛期，在淘洗的精练程度上可能要略胜一筹，但其他时代从实物观测上看在这一点上可能都比较好，虽然没有达到几近苛刻的程度。但淘洗随意的作品也很少见。

4、从窑口上看，白釉画花瓷器在淘洗上自然以宋代磁州窑为显著特征，元明以降，清代也比较好。但磁州窑系的产品有时不太稳定，偶见有胎体淘洗有问题的白釉画花瓷器，但数量很少。鉴定时我们要注意分辨。

5、从精致程度上看，淘洗与精致程度从理论上讲有密切关联，淘洗精练的白釉画花瓷器在精致程度上自然就高，而反之则亦然。但这一点对于白釉画花瓷器却并非都是这样，白釉画花瓷器在这一点上表现出了极大的稳定性，淘洗精练程度基本上都很好，很少有淘洗过于精练和敷衍的现象（图 4-6）。从时代上看各个历史时期基本上都是这样。

▲图 4-6　淘洗较精练的白釉画花瓷器标本　明代

胎色

1、种类。白釉画花瓷器在胎色上具有鲜明特征，常见的主要有白色、灰白、青色、灰色、褐色、青灰、红褐、砖红、深灰、暗红、浅褐、灰褐、黄褐、灰黄、橙黄等胎色。由此可见，白釉画花瓷器在胎色种类上十分丰富，组合也比较复杂，单色和复色都有，并出现了众多的衍生色彩，以上列举显然不是白釉画花瓷器胎色的全部，只是随意举一些色彩实例而已，这反映了白釉画花瓷器胎色多元化的特征。先来看两则实例：

（1）暗红胎

背景信息：白釉画花瓷器暗红胎常见（图 4-7），时代和地域特征都不是太明显，可以说宋元和明清时期都有见，墓葬和遗址基本都有出土，在总量上有一定的规模。

▲图 4-7　暗红胎白釉画花瓷器标本　宋代

鉴定要点：

①从胎色上看，是一种色彩较深的红色，但视觉感较暗，而且色彩比较固定，多为非高岭土烧造，但并非绝对意义上的暗红色，从宏观上看可以称之为单色，但仔细观察仍然可以看到略微的串色现象，而且是通体性的。由此可见，白釉画花瓷器在胎色上没有过于色版的标准，而完全是一场视觉盛宴。

②从造型上看，暗红胎的白釉画花瓷器具有鲜明的时代特征，涉及多种器物造型，如碗、盘、碟、壶、罐、枕、瓶等都有见（图 4-8），但总体来看，以大型的器皿为显著特征，如罐、壶等器皿就比较常见。鉴定时要注意分辨。

▲图 4-8　暗红胎白釉画花瓷碗　宋代

③从时代上看，宋元时期比较常见，上流社会、市井之上兼有，明清时期延续这一特征。

④从窑口上看，暗红胎是磁州窑白釉画花瓷器上的一大特征，时代从宋延续至清代，不过宋代磁州窑暗红胎画花瓷器比其他时代要多一些。

⑤从精致程度上看，暗红胎白画花瓷器精致者有见，但总量很少，这一点很正常，因为本身白釉画花瓷器精致瓷器的总量就很少，所以从比例上看这一点也属正常。以普通瓷器为多见，粗糙瓷器中有见。

（2）灰黄胎

背景信息：灰黄胎的白釉画花瓷器时常有见（图 4-9），我们来看一则实例“白釉黑彩瓷瓶，胎色灰黄”（南京市博物馆、雨花台区文化局：《江苏南京市戚家山明墓发掘简报》，《考古》，1999 年 10 期）。这种色彩在数量上很多，如以上我们这个例子中的墓葬中出土两件白釉画花瓷瓶胎体都是灰黄胎，在总量上有一定的量，时代贯穿于整个白釉画花瓷器始终。鉴定时注意分辨。

▲图 4-9　灰黄胎白釉画花瓷器横截面　明代

鉴定要点：

①从胎色上看，显然属复合色彩的范畴，灰色与黄色完美地融合在一起，从视觉上看既感觉不到灰色，也感觉不到黄色，可见其色彩比较稳定，并具有独立性，完美地融合，不可分离，鲜见严重串色与偏色。

②从时代上看，灰黄胎的白釉画花瓷器时代特征鲜明，各个时代都有见，数量比较多，但精品瓷器主要集中在明清时期。宋元包括辽金时期也有见，但数量很少。

③从精致程度上看，灰黄胎白釉画花瓷器在精致程度上特征并不明显，精致者有见，更有见普通，甚至是粗糙的白釉画花瓷器。

④从窑口上看，灰黄胎的白釉画花瓷器以磁州窑为主要特征，各个历史时期都有见（图 4-10），没有过于规律性的特征。

▲图 4-10　磁州窑灰黄胎白釉画花瓷器标本　宋代

2、相近性。白釉画花瓷器在相近性上特征十分鲜明：

灰黄——橙色

浅灰——深灰

砖红——红褐

由上可见，白釉画花瓷器在胎色相近性特征上比较鲜明，这些色彩之间存在着一定程度的相近性，而且这种相近性多数不是局部意义上，而是整体上的，这与其民间窑场性质有着密切的关联，因为从这几种相近胎色上看显然多数不属于高岭土料，而属于黏土和掺和料的发色。鉴定时应该注意分辨。

3、差异性。从色彩差异上看，白釉画花瓷器胎色处于不同的色彩阶段，差异性比较大：

白胎——青色

灰胎——暗红（图 4-11）

黄褐——深红

观察这些色彩，白色和青色之间色彩对立很严重，这么大的色彩差异，似乎令人难以接受，但这的确是客观存在的现实，而现实的情况是白釉画花瓷器虽然胎色的差异性比较大，但从实际发掘的情况来看这些差异性色彩在数量上比较少，有的几乎可以忽略不计，主要是以相近色为主要特征。鉴定时应注意分辨。

▲图 4-11　暗红胎白釉画花瓷器横截面　宋代

4、数量。从发掘情况来看，白釉画花瓷器胎色众多，但从数量上看，以橙、黄、红等色调的胎体为主要特征，其他胎色有见，但数量很少，这就是一个很重要的鉴定依据。因为数量限制了很多较为复杂的问题，包括色彩的渐变性、组合方式、衍生色彩等，无论怎样的变化，但因数量很少，所以有很多色彩是理论性和偶见性的产物，在实践中并不起到真正的作用，但反过来，很多作伪者不太懂得这一点，将白釉画花瓷器胎体做成了各种色彩的集合体，如果数量组合超出了历史的真实，那么仅凭借这一点我们就可以判定一件器物的真伪。鉴定时要注意分辨。

精细胎

精细胎的白釉画花瓷器时常有见，其典型特点是选料优良、淘洗精练、胎色白皙、匀厚、细腻致密等。精细胎的白釉画花瓷器有以下几个显著特点：

一、时代性

二、窑口性

三、色彩性

1、从时代性上看，宋代精细的胎体多见，这可能与宋代发达的瓷器烧造技术有关，但由于白釉画花瓷器显然是纯粹的民间用瓷，所以在胎体的精细程度上有限，打开宋代白釉画花瓷器胎体的横截面，或许很难达到让人惊叹的程度，只是看上去色彩纯度比较高而已；普通瓷器中精细胎者不多见；粗糙白釉画花瓷器中精细胎几乎不见。元明清时期在精细胎上基本延续前代。

2、从窑口性上看，精细胎白釉画花瓷器从窑口上看十分明显，以磁州窑为主，其他窑口很少见精细胎者（图 4–12），但磁州窑白釉画花瓷器

▲图 4–12 磁州窑精细胎白釉画花瓷器标本 宋代

中也并不是所有的都是精细胎，只是少量的精致瓷器中有见，普通的磁州窑白釉画花瓷器数量很少，粗糙瓷器中几乎不见。但这一点似乎当代的作伪者还没有掌握，从市场上看一些仿品胎体多为精细胎，其实这恰恰暴露了其是伪品的身份。我们在鉴定时要注意。

▲图 4-13 精细胎白釉画花瓷碗横截面 宋代

3、从色彩性上看，精细胎白釉画花瓷器在胎色上具有鲜明特征，基本上锁定在橙、黄、褐等色的范畴之内，并不是说除了这几种色彩之外就没有别的色彩，而是几乎所有精细胎体都是这种色调，在色彩上偏色不是很严重，但也达不到纯正的程度，不过精细胎所突出的显然不仅仅是相对的稳定性。

4、从数量上看，精细胎白釉画花瓷器总量不多，以宋代最为常见；辽金时期基本上为偶见；元代数量也很少；明清时期在数量上又有所恢复；但从总量上看依然不大，其数量远低于同时期普通和粗糙白釉画花瓷器，墓葬和遗址都有出土，墓葬出土多为一到几件不等，遗址出土数量同墓葬差不多，总量不大。鉴定时要注意分辨。

5、从器物造型上看，精细胎白釉画花瓷器在器物造型上特征比较模糊，无论碗、盒、壶、瓶、枕等都有可能是精细的胎体（图 4-13）。从比例来看基本相当，没有发现有一枝独秀者。

较粗胎

白釉画花瓷器中较粗胎经常有见，来看一则实例“白釉黑彩瓷瓶 M2:3，质地较粗”（南京市博物馆、雨花台区文化局：《江苏南京市戚家山明墓发掘简报》，《考古》，1999 年 10 期）。较粗胎是一种介于细胎和真正粗胎之间的胎体，这类胎体有明显的缺陷，如杂质较多、偏色、气孔、规整程度、变形等，这些缺陷有可能都会出现，或者是一两种缺陷的结合体，如在一个胎体上既有杂质又有气孔，但只要有一种缺陷，应该就可以称之为较粗胎了。从实物观测来看，个别颗粒比较大，在胎色上有偏色现象，但多是局部的，不是很明显，如果不是仔细看很难辨别出来，这样的胎体应该是白釉画花瓷器的主流特征（图 4-14）。从数量上看，较粗胎的白釉画花瓷器在数量上有一定规模，墓葬和遗址经常有出土，以遗址出土数量为主，有的城址内出土这类白釉画花瓷器在数量上可达上千件。从时代特征上看，较粗胎的白釉画花瓷器在时代上并不是很清晰，各个时代都有见，但在数量上有区别，不过这种数量特征我们应当看比例，而不是简单地看总量，看总量很简单一定是基本相当，但如果从比例上看，宋代比例应该比辽金要多，而元明清时期则是在逐渐递减，不过从诸多瓷器来看白釉画花品种由于深度民间用具，应该在数量上受到如青花瓷的冲击比较小。从窑口上看，磁州窑白釉画花瓷器不仅仅都是精品，而且也有一些窑系的窑场烧造的产品，存在着相当比例的较粗胎体的白釉画花瓷器。从精致程度上看，略粗胎瓷器在精致程度上与精致瓷器基本无缘，主要是普通和粗糙的瓷器之上常见，以普通瓷器为显著特征。

▲图 4-14　较粗胎白釉画花瓷器横截面　宋代

夹砂胎

白釉画花瓷器胎体夹砂的情况有见（图 4–15）。从概念上看，通常情况下是在这一时期白釉画花瓷器如果是夹砂胎，其胎体上就有明显沙砾，状态多是人们可以观测到的颗粒，有轻微夹砂和严重夹砂的情况，而且这两种情况基本上是等比例地存在，不能区分出主次，这说明了一个现象，白釉画花瓷器胎体并不避讳胎体夹砂。但从现实的情况来看，通过大量的观测我们发现夹砂胎并不是很受白釉画花瓷器青睐，数量不是很多，一般从墓葬当中很少见到这种胎体，在遗址上有少量见，这样从总量上看，夹砂胎的白釉画花瓷器在总量上并不占优势。从色彩上看，夹砂胎在色彩上基本上以黑色为主，多是一些黑色颗粒，人们可以很容易观测到，但不是很严重，这说明白釉画花瓷器虽然是深度民窑产品，但在烧造上还是比较讲究，其特征是不避讳但也不推崇。由此可见，白釉画花瓷器朴实无华的精神境界。从原料上看，白釉画花瓷器夹砂的胎体与原料有关系，通常情况下以高岭土为料的白釉画花瓷器夹砂胎多见，而以黏土为料的白釉画花瓷器反而是淘洗极为精练，很少见到夹砂胎的白釉画花瓷器。从时代上看，白釉画花瓷器在时代上特征十分明显，北宋和南宋时期都比较少见；辽金元时期相比较数量多一些，但与整个白釉画花瓷器总量相比犹如沧海一粟，所占据比例很小；明清时期数量也很少见。从精致程度上看，中国夹砂胎的白釉画花瓷器在精致程度上特征不是很鲜明，夹砂胎体所对应的瓷器精致、普通、粗糙者都有见，只是在数量上以普通和粗糙瓷器为显著特征。

▲图 4–15　夹砂胎白釉画花瓷器标本　金代

较厚胎

白釉画花瓷器胎体多数较厚，这一点是很清楚，从宋代磁州窑白釉画花瓷器中大量的碗、壶、瓶、枕等器皿之上都可以看到，胎体的横截面一般都比较厚，但胎体厚薄是一个比较复杂和相对的概念，它并不是一场视觉上的盛宴，不完全以视觉为判断标准，如一些白釉画花的罐和瓶的厚度可以达到 1 厘米左右，手感非常厚重；但有的看起来却是比较薄，如碗、盘胎体的厚度，手感只是略重一些；那么如果从视觉上观察，这些胎体可能第一种情况就属于厚重，而第二种情况显然属于薄胎的范畴，但真正的情况却不是这样的，如果结合其自身的器物造型来看，白釉画花罐或者瓶的器型大，那么自然在胎体上应该就厚，这一点对于所有的瓷器都是这样，综合白釉画花瓷器的这种厚度可能只能达到较厚胎的程度，而达不到厚重的程度。同样碗、盘等如果从造型的角度上看，以及与同时期其他瓷器品种如青瓷、白瓷等相比较，白釉画花碗、盘、枕等器皿在胎体上的厚薄特征只能属于较厚胎的范畴（图 4-16）。由此可见，白釉画花器皿在胎体厚薄特征上以较厚胎为主要特征。从时代上看，各个历史时期基本相当，从整体上看宋代略薄一些，元代比宋代在厚度上略增加一些，明清时期又略有一些恢复，鉴定时我们应注意分辨。从数量上来看，几乎占到白釉画花瓷器胎体厚度特征的大部。厚重和轻薄的胎体也有见，但数量很少，几乎可以忽略不计。从窑场上看，无论是著名的磁州窑白釉画花瓷器还是乡村小窑场的磁州窑系产品，较厚胎都是白釉画花瓷器的主流特征。

▲图 4-16　较厚胎白釉画花瓷器标本　宋代

瓷化程度

白釉画花瓷器在瓷化程度上特征比较复杂，从墓葬和遗址出土的器皿来看，白釉画花瓷器的胎体完全被烧结，致密，坚硬，但如果从遗址上看大规模出土的白釉画花瓷器，偶有见瓷化程度不高的情况，如胎体疏松、有气孔等，只是在数量上很少，由此可见，瓷化程度高的白釉画花瓷器占据着主流地位。这一点应该与白釉画花瓷器深度民窑的性质契合，在此它扭转了我们的一个观念，就是我们很多人所认为的民窑所生产的瓷器粗的概念，其实不是这样的，磁州窑就坚守住了在做工上精益求精的传统，由于成本的原因在用料上较差，但是在瓷化程度上绝不降低标准，多数白釉画花瓷器胎体已经完全烧结，具有不吸水性，敲击可发出悦耳的金属声，胎体致密、坚固等特点。从时代上看宋元、明清基本都相似，没有哪一个时代瓷化程度表现出特别突出的现象。在精致程度上，瓷化程度高者并没有与某种精致程度的白釉画花瓷器有过于密切的联系，特征不是很明显，可以说精致、普通、粗糙者都有见（图 4-17），在数量上也呈现出均衡的特征。鉴定时要主要分辨。

▲图 4-17　胎体致密白釉画花瓷器横截面　宋代

气孔

白釉画花瓷器胎体有气孔情况有见，但数量很少，墓葬出土器皿较少，窑址、城址出土白釉画花瓷器中也不多见，只是有见而已。从总量上看，有气孔的白釉画花胎体不占据优势。从器物观测来看，有气孔的白釉画花瓷器胎体多是由于疏松，烧造时温度过低造成的，气孔的出现是一个综合的过程，与选料、淘洗、做工等诸多工序都有关系，无论在哪个方面出了问题都会在胎体上形成气孔，气孔的存在是一个传统的问题（图 4-18），陶器无法克服，同样对于瓷器而言也是这样，从理论上讲瓷器在胎体上是无法完全避免气孔的，但可以将气孔出现的概率大为降低，选用了高岭土料，淘洗精练，以及烧造温度高等瓷器固有的优点，已经大大降低了气孔在瓷器上出现的频率，我们知道白釉画花瓷器除了民间窑场在用料上差一些外，其他各个方面都是竭尽所能，在烧造态度上极优，这有效地控制了胎体气孔的现象，因此白釉画花瓷器虽然是民窑，但在气孔上实际并不严重，特征也比较明显。从精致程度上看，白釉画花瓷器基本上有效杜绝了胎体气孔大量出现的可能性，无论是精致白釉画花瓷器还是普通器皿，甚至是粗糙的白釉画花瓷器，在气孔出现的频率上以及严重程度上都比较好，总之，在精致程度上白釉画花瓷器胎体气孔没有过于复杂性特征。从形状上看气孔形状不一，开裂比较突然，大小和密集程度是各不相同，气孔的分布没有均匀的，一个、两三个，甚至密集都有可能。从时代上看，白釉画花瓷器有气孔时代特征并不明显，宋元和明清时期都有见，具有一定程度上的偶见性。鉴定时注意分辨。

▲图 4-18　有气孔的白釉画花瓷器标本　明代

杂质

▲图 4-19　略有杂质的白釉画花瓷器标本　宋代

白釉画花瓷器胎体杂质不可避免，这是由杂质本身的特性所决定的，杂质是一个非常复杂的概念，有宏观和微观的区别，宏观的杂质概念人们可以说看不到杂质的存在，但从微观上看任何胎体理论上都不可能没有杂质，只能说从视觉效果上看横截面上基本没有杂质。当然白釉画花瓷器是深度流行于民间日常生活用具，而且白釉画花瓷器鼎盛的宋代实际上是封建社会物质文化的顶峰已经过去，元代更是这样，明清时期青花瓷的鼎盛又将传统的白釉画花瓷器排挤到了角落里，由此可见白釉画花瓷器的生存状态不是很好，所以其必须节省成本，用低价去竞争和生存，在外表上自然是不能落后，也形成了其鲜明的特点，但在胎体的选料上白釉画花瓷器再也无力去选择过于优质的高岭土料，或者是像唐代邢窑白瓷那样的细泥胎去不计工本地烧造，而正是由于白釉画花瓷器在选料上较为普通，决定了其杂质的普遍性，基本上所有的白釉画花瓷器胎体上都有一些能够看到的杂质，视线无法察觉到的杂质很少见（图 4-19）。从严重的程度上看，白釉画花瓷器胎体上的杂质多不是很严重，这与其精益求精的淘洗关系密切，认真的态度尽可能地弥补其在选料上的不足，这就是中国古代白釉画花瓷器在烧造态度上的虔诚，实际上这种虔诚也取得了人们的谅解，白釉画花瓷器在宋代那样一个名窑林立的瓷器鼎盛时代，竟然奇迹般地生存了下去，并一举崛起，并最终形成了庞大的磁州窑系。从精致程度上看，白釉画花瓷器与精致程度上有一定的关系，但这种关系在白釉画花瓷器之上基本上趋向模糊，我们就以磁州窑白釉画花瓷器为例来看一看，在磁州窑精致白釉画花瓷器的胎体之上也能够看到杂质的存在；普通白釉画花瓷器也是这样，可见星星点点的杂质比精致杂质略明显一些；粗糙白釉画花瓷器之上并没有见到颗粒变大，异常明显的现象，由此可见，白釉画花瓷器在胎体杂质上与瓷器的精致程度关系并不大，只是略有一些影响罢了。从色彩上看，白釉画花瓷器杂质在色彩上基本上与胎色融为一体，或者是黑、褐等色的杂质，很少见过于复杂的现象。从时代上看其特征不是很明显，各个时代都有见，杂质在胎体上特征也比较固定化，没有过于复杂的时代特征。鉴定时注意分辨。

艺术品特质

白釉画花瓷器在胎体上所表现出的艺术品特质很明确，它所宣扬的实质上是一种质朴的情怀，这种质朴首先建立在实用的基础之上，白釉画花瓷器选择了最为普通的原料以达到降低成本，目的自然是向着“通销天下”的目标去的，目的是让人们都能使用得起，这可能是白釉画花瓷器最终极的理想，但白釉画花瓷器这样做绝不是向媚俗低头，而是体现了一种“大爱”的思想（图 4-20）。在这种质朴思想的指引下，白釉画花瓷器在淘洗上异常的精练，在造型上极尽隽永；纹饰线条流畅，刚劲有力，构图合理，烧造温度比较高，极力提炼生活中人们喜闻乐见题材，以博得人们在视觉和身心上的愉悦和教化之功；这些白釉画花瓷器在胎体上除用料外，很多方面都达到了极致水平，如致密、匀厚、细腻、坚硬、胎色较为纯正等，这样的胎体不能不令我们感叹！在古代劳动人们相当懂得欣赏美，或许他们在欣赏“尽善尽美”之时，可能更愿意欣赏的是这种“朴实无华”之美。他们所讲究的是一种内心赤诚之美，一种虔诚，一种信仰，而这种信仰显然可以不建立在奢华之上。白釉画花瓷器在胎体上体现了当时人们的内心最深处的精神状态，对于我们现代人有着深刻启迪，也许是我们要反思和继承的东西。

▲图 4-20　白釉画花瓷器标本　宋代

规整

白釉画花瓷器胎体在规整程度上特征鲜明，以规整为显著特征（图 4-21），从发掘出土情况来看，窑址、城址和墓葬经常出现，从概念上看其实规整也是一场视觉盛宴，因为规整无法用弧度之类的尺寸来测量，它是实际上人们视觉上的一种感觉而已，工匠在制作上是这样，人们的视觉观察也是这样。事实上白釉画花瓷器规整程度上的表现比较容易理解，因为较厚和厚重的胎体本身就是其胎体规整的一个保障，而白釉画花瓷器之所以采用较厚的胎体目的是显而易见的，首要目的就是要降低烧造的难度，因为如此厚的胎体一烧就成，一个窑中很少有变形等残次品出现，这一点我们应能理解，一个民间窑场首要的任务就是为了生存的需要，所以必然要降低成本，除了以上讲过不使用过于优良的原料外，还有重要一点就是略微增加胎体的厚度，以杜绝残次品的出现，这样也可以降低成本，以“通销天下”。因此白釉画花瓷器很少见到变形器皿，只是偶见有一些变形的器皿出现，但数量很少，几乎可以忽略不计。从时代上看，白釉画花瓷器在时代特征上不明显，特征较为均衡。从精致程度上看也是这样，白釉画花瓷器胎体的规整程度与所对应的精致程度关系不大，很简单，因为几乎所有的白釉画花瓷器在胎体上都是规整的（图 4-22），精致、普通、粗糙者都有见。

▲图 4-21　白釉画花瓷器横截面　明代

▲图 4-22　造型规整白釉画花瓷碗　宋代

手感

白釉画花瓷器在胎体上手感上特征明显，从实物标本上感觉，其手感上比较重，有的时候可能真的会很重，如一些白釉画花瓷瓶等，从视觉上看体积并不是很大，可能要用双手去搬才可以，当然一只手也可以用来移动，但似乎心理总是没有底的感觉，由此可见，白釉画花瓷瓶等器皿在当时应该是用来作为陈设和装饰使用的，而绝不适合于把玩。当然白釉画花瓷器在胎体上的厚重感，显然与白釉画花瓷器的用料选择有关，这说明白釉画花瓷器在用料的选择上真的是比较粗糙，没有像汝、官窑瓷器那样考虑到瓷器的轻薄性。对于碗、盘等一类的器皿在重量上可能比较轻一些，但与同时期同类器物造型的其他瓷器品种相比，如青瓷、白瓷等相比，显然还是厚重（图 4-23）。由此可见，厚重是白釉画花瓷器手感的最主要特征之一。而这种体会在鉴定文物时有重要作用，如果在文物库房工作多年的人这种体验会很真切，如果拿一件真品和伪品对比，区别可能比较大，很多白釉画花瓷器的重量达不到要求，因为后仿者由于缺乏这方面的知识，使用胎土料比较好，所以在重量上往往表现得比真品轻一些，如果将馆藏品与被鉴定物进行对比，伪器很容易就会暴露。我们在鉴定时要注意这种来自手感的鉴定要点，因为感觉是一种经验的总结，也是一种科学。

▲图 4-23　白釉画花瓷碗横截面　宋代

细腻

白釉画花瓷器在胎体细腻程度上不是很好，这一点从整个白釉画花瓷器的横截面上看都是这样，偶见有胎体过于细腻者（图 4-24）。但在白釉画花瓷器当中也很少见到胎体十分粗糙的情况。从细腻的程度上看，白釉画花瓷器胎体的细腻程度除了与淘洗的精致程度关系密切，而且与原料的选择有关，从淘洗上看白釉画花瓷器的淘洗已是比较精练，但只是由于原料的选择略粗，所以即使淘洗得很仔细，其胎体横截面给人们的视觉感觉依然不能达到精致白瓷或者像汝窑“香灰胎”那样细腻的程度，这是数千件横截面体观测的结果，这一规律的得出，应该不会有太大的出入。从精致程度上看，白釉画花瓷器在精致程度上与胎体的细腻程度有一定的关联，但关系并不紧密，多数白釉画花瓷器在胎体上都是介于细腻与粗糙之间。从时代上看，白釉画花瓷器细腻的胎体在时代特征上不是很明显，各个时代表现基本相当。从窑口上看，磁州窑在这方面表现得十分稳定，一些窑系的产品在胎体的细腻程度上可能略逊一些，但过于粗糙者基本不见。鉴定时应注意分辨。

▲图 4-24　胎体细腻的白釉画花瓷器标本　宋代

疏松

白釉画花瓷器中胎体疏松者有见，但数量很少，多为偶见。在数量上，墓葬和窑址、城址内都有见，不过从件数特征来看，多为一到几件，总量非常小，与整个白釉画花瓷器总量相比可以说是沧海一粟，几乎可以忽略不计，处于非常从属地位，这可以说是与人们的思维是相悖的，因为白釉画花瓷器在质地上比较低劣，按道理讲胎体应该是疏松者多，但事实的情况恰恰相反，将胎体烧造的虽然达不到细腻的程度，但很少有疏松者。其原因很简单，就是因为疏松胎体所需与之共生的诸多条件，白釉画花瓷器不具备，如烧造温度低，选料选择粗略，淘洗不够精练等。从精致程度上看，胎体疏松的白釉画花瓷器与其精致程度并没有过于紧密的关联，精致白釉画花瓷器中很少能够见到胎体疏松者，普通白釉画花瓷器也很少见，粗糙白釉画花瓷器胎体疏松者有见，不过数量很小，几乎可以忽略不计。从时代上看，白釉画花瓷器在时代特征上比较明显，宋元和明清等各个时代基本上相似（图4-25）。从窑口上看，著名窑场胎体疏松者鲜见，如磁州窑就很少见，窑系产品中偶有见，但数量真的是太少了。鉴定时我们要注意分辨。

▲图 4-25　胎体疏松的白釉画花瓷器横截面　宋代

下篇

绞胎、三彩 珍珠
地划花瓷 酱、褐、
青白釉瓷 黄釉瓷
紫、缸胎、兔毫、
油滴釉瓷

第一章 绞胎、三彩

高岭土胎

背景信息：中国古代绞胎、三彩多以高岭土为料（图 1-1），这是由高岭土自身诸多优点决定的，具有胎体延展性好、坚固、不变形等特点，在中国古代绞胎、三彩中非高岭土料所占比例很小。

▲图 1-1　绞胎高岭土胎瓷枕标本　唐代

鉴定要点：

1、从胎色上看，不同精致程度的高岭土胎所对应的胎色各异，细白胎对应的是精致绞胎、三彩器皿，灰白胎对应普通的绞胎、三彩。再者对于绞胎、三彩釉胎体来讲基本上不存在过于复杂的衍生色彩，如白褐胎等，这是由绞胎、三彩本身是精美绝伦的艺术品所致。鉴定时应注意分辨。

2、从时代上看，绞胎、三彩釉在唐代高岭土的质量已达巅峰状态，宋代没有保持住这一优势，显然在质量上有所下降，尤为明显的是三彩的胎色，已没有唐代巩县窑产品那样的稳定，高岭土胎的选料开始粗质化的过程。

▲图 1-2　绿釉绞胎高岭土胎瓷枕标本　唐代

3、从窑口上看，唐代绞胎、三彩达到最高水平（图 1-2），宋代也有生产，但质量已不能与盛唐相媲美。同时期窑口也发现有高岭土胎较美者，如山西浑源窑、陕西黄堡窑、河南修武当阳峪窑等，但由于这些窑口都不主烧绞胎、三彩等瓷器，所以精品很少，影响较小，在历史的长河当中犹如昙花一现，几乎可以忽略不计，我们在鉴定时知道就可以了。

4、从精致程度上看，高岭土选料的优良程度与绞胎、三彩的精致程度息息相关，但对于绞胎、三彩而言，高岭土料却分不出优质、普通、粗质等级，基本上为一种状态，这就是胎质的选料优良，几乎成为绞胎、三彩釉器皿的共识。这一点我们在鉴定时应注意分辨。

淘洗

背景信息：淘洗是绞胎及三彩釉器皿在选料之后所要进行的必要工序，它的目的是要使高岭土料变得更加细腻，适用于器皿的烧造，淘洗的精练程度往往与瓷器的精致程度有着密切的关联，从整体上看绞胎及三彩器皿在淘洗上以精练为主，淘洗不精者有见，但数量很少，鉴定时注意分辨。

鉴定要点：

1、从胎色上看，中国古代绞胎及三彩釉胎体从色彩上看比较复杂，淘洗与色彩的关系也较为紧密，绞胎瓷器的胎体主要以白、粉红、黄褐等相间色彩为主（图 1–3），白色和褐色相互糅合在一起，之后拉坯成型，绞胎瓷器实际上就是利用胎体间呈现出的这种相间的纹理，再加之搅动方向的不同来幻化出多变的釉面纹饰。由此可见，绞胎在胎色上实际上承担着两种功能，一是本身胎质的色彩，二是使用不同的相间色勾画出自然的纹理。由此可见，绞胎瓷器在胎色上达到了中国古代瓷器烧造上的巅峰状态。三彩釉在胎色上比绞胎瓷器单纯一些，它基本上是以单色为主，纯白、灰白等色彩很少见，鉴定时我们注意分辨。

▲图 1–3　淘洗三彩釉标本　唐代

2、从原料上看，绞胎与三彩釉器皿原料的选择与淘洗的关系十分密切，通常情况下绞胎及三彩釉在胎料的选择上较为优良，多选用最好的高岭土料，在淘洗上也是精益求精，二者呈现出正比的关系（图 1–4），由于绞胎及三彩釉器皿在当时是非常珍贵的艺术品，所以在原料的使用上一般都是比较精细，很少见到有粗糙的情况。鉴定时应注意分辨。

▲图 1-4　淘洗三彩釉标本　唐代

3、从时代上看，绞胎及三彩釉在淘洗上有较大区别，绞胎及三彩釉实际上都是产生于唐代，但绞胎釉在唐宋时期都较为流行，直至元代才结束，从时代上看，淘洗都是比较精练，但三彩釉器皿在胎体的淘洗上略有变化，而且变化还比较大，从唐高宗时期到安史之乱之间的三彩在淘洗上已达到了最为精练的程度，安史之乱之后随着大唐帝国的衰落，唐三彩也随之衰落，就是在淘洗上出现了一些粗质化的倾向，而这种倾向在宋代表现更为明显。

4、从窑口上看，中国古代绞胎及三彩釉在淘洗上与窑口的关系比较密切，实际上真正烧造绞胎及三彩釉的是一个窑场，就是河南的巩县窑，巩县窑生产的绞胎及三彩釉达到了最高的工艺水平（图 1-5），其他的窑场也有生产，但从发掘出土的器物来看淘洗不如河南巩县窑精练，而且从精致程度上看，可以分出精练和普通甚至粗糙瓷器的等级，而这一点在河南巩县窑当中显然是不存在的。鉴定时应注意分辨。

▲图 1-5　淘洗三彩釉标本 唐代

胎色

1、种类。中国古代绞胎、三彩在胎色上具有鲜明的时代特征，常见的胎色主要有白色胎、灰白胎、橙色胎、黄胎、红胎、灰胎、白胎、褐胎、黑胎、粉红胎、白褐胎、白褐黑相间胎、褐红相间胎等，由此可见，中国古代绞胎、三彩在胎色种类上十分丰富，组合也比较复杂，但这显然还不是该时期绞胎、三彩色彩的全部，特别是绞胎主要以相间胎为显著特征。先来看两则实例：

（1）白胎

背景信息：绞胎、三彩白胎共同存在的色彩，绞胎以相间胎的主流色调存在，常与诸多色彩相间形成万变的纹理，三彩主要以白胎的单一色彩为显著特征，这两种情况时代和地域特征都十分明显，但没有过于规律的特征。

鉴定要点：

①从胎色上看，绞胎、三彩白胎以视觉为显著特征，并以视觉为判断标准，以纯白和灰白者为多见，但并非白版一般的色彩，色彩稳定性较强，几无偏色和串色现象，当然这与绞胎、三彩器皿较强艺术品的特质有关。鉴定时应注意分辨。

②从造型上看，绞胎、三彩特征不明显，几乎涉及所有造型，如碗、盘、盒、胡人、壶、罐、炉、碟、瓶、马、枕、执壶、武士俑等都有见。总之，胎色与造型的关系并不密切。鉴定时应注意分辨。

③从时代上看，白胎的绞胎、三彩时代特征比较明显，各个时代都有见，上流社会，市井之上兼有。但白胎的绞胎和三彩在时代上略有区别，绞胎瓷器在唐宋时期都有见精品，但三彩则多在唐代，宋三彩在白胎的质量上明显有下降。鉴定时应注意分辨。

▲图 1-6　巩县窑绞胎瓷枕标本　唐代

④从窑口上看，绞胎、三彩的白胎以著名的窑口为显著特征，如巩县窑产品最为精致，多数为精美绝伦的艺术品，几无较差者（图 1-6）。时代从唐延续至宋元，宋元之后基本不见。

⑤从精致程度上看，白胎的绞胎、三彩与精致程度的关系并不密切，原因是绞胎、三彩在胎体上基本都是白胎，没有过于规律性的特征。鉴定时应注意分辨。

（2）白、粉红相间胎

背景信息：白、粉红相间色的三彩胎体没有，主要是绞胎的胎色，墓葬和遗址内都有见，有一定的量，为绞胎中最为常见的一种胎色相间方式。

鉴定要点：

①从胎色上看，白胎和粉红胎相间的胎体从本质特征上看应属于相间的色彩，就是白色和粉红色融合在一起，从胎体的横截面来看主要存在这两种色彩，但这两种色彩的融合是以相间的方式，并不是形成了一种衍生性的色彩，而是互相分离，从实物观测来看白胎仍为主流，在白胎之上我们可以看到粉红色的胎体，如带条状一样存在，它们之间有一个相互搅动的过程，犹如两条彩带相交在一起（图 1-7），但单个色彩还是比较稳定，没有被分离的现象，相互之间偏色和串色的现象基本不见，这样的胎色看上去使人震撼，应为中国古代瓷器之上胎色之巅峰作品。鉴定时应注意分辨。

▲图 1-7　白、粉红相间胎绞胎瓷器标本　唐代

②从时代上看，白、粉红两种色调糅合在一起的胎色，从时代上看较为明晰，唐宋时期有见，金元时期也有见，所见数量比较少，明清以后基本不见。鉴定时应注意分辨。

③从精致程度上看，白、粉红相交的绞胎瓷器胎体与精致程度的关系十分密切，这样的胎体多数为精细胎，同时也是最为精致的瓷器，普通瓷器有见，但数量很少，粗糙的瓷器基本不见。鉴定时应注意分辨。

④从窑口上看，白、粉红相间色与窑口的关系比较密切，以河南巩县窑为显著特征，其他的窑口也有见，如河南修武当阳峪窑、山西的浑源窑等也有见，但是数量比较少。

2、相近性。中国古代绞胎、三彩在胎体上具有相近性的特征，如：

白色——灰白

橙色——橙黄

砖红——红褐

这些色彩之间存在着相近性的特征，白胎和灰白胎在视觉上的差别很小，这种胎体在绞胎及三彩釉中都有见，但在同一件瓷器之上色彩基本上都比较稳定。由此可见，中国古代绞胎、三彩胎色在相近色彩上比较多，较为丰富，鉴定时注意分辨。

3、差异性。中国古代绞胎及三彩在胎色上存在着不同的色彩阶段，差异性特征还是比较大：

白胎——褐胎

白胎——粉红胎

白胎——灰胎

观察这些色彩，白色和褐色基本上是对立的，如此大的色彩变化出现在同一件绞胎瓷器之上，这似乎令人难以置信，但绞胎瓷器就是要利用这样一种对比色彩，将它们糅合在一起拉坯成型（图 1-8），这样才能呈现出白色和粉红色相间的纹理，由于揉搓方式的不同进而使得纹理变化多端，形成各种各样的纹饰，如木纹、鸟文等，这是一种制作工艺的方式，利用胎体的搅动进行纹饰的装饰。三彩釉胎体在胎色上变化不是很丰富，虽然各种色彩也都有，如白、灰白、橙色、橙红色、土黄色等都有，但在同一件器皿之上胎色多较为纯正，这一点我们在鉴定时应注意分辨。

▲图 1-8　白、褐相间绞胎瓷枕标本　唐代

4、数量。绞胎、三彩在胎色上特征鲜明，从发掘出土的器物来看，绞胎、三彩器皿其共有的特点是以白色为显著特征（图 1-9），对于绞胎瓷器而言，主要是一些相间的色彩，如白、褐、粉红等色彩都常见，表现的方式多为白胎和这些色彩之间的相间色。而三彩在胎体色彩上则是十分丰富，基本上白、灰白、橙、橙红、土黄等色彩都有见，青、灰、黑、褐等色彩在三彩胎体上不是很常见，基本上少到数量可以忽略不计。这一点我们在鉴定时应注意分辨。

▲图 1-9　白胎绞胎瓷器标本　唐代

精细胎

中国古代绞胎、三彩釉在胎体的精细程度上特征比较明晰，基本上以选料优良、淘洗精练、胎色稳定、胎体匀厚、胎质精细为显著特征，精细胎在数量上占据主流的地位。不过精细胎体在数量上显然还是受到了一些限制，主要有以下三点：

①时代性

②窑口性

③色彩性

1、从时代性上看，绞胎及三彩釉器皿在时代特征上比较明确，就是绞胎釉瓷器的精细胎体几乎是贯穿了其生命的历程，从唐代一直到宋元时期的绞胎釉瓷器都是非常之精致，胎体细腻、致密，胎色纯正。三彩釉胎体在精细程度上特征较为泛化，以唐代的三彩胎体精细程度为最好，但主要限于唐代鼎盛期，具体时间从唐高宗起到唐玄宗安史之乱这一段时间，胎体在精细程度上达到了几无缺陷的程度，在这之后的三彩在胎体质量上出现了一个下滑（图 1–10），精致胎体与普通和粗糙胎体并存，这一点我们在鉴定时应注意分辨。

▲图 1–10　三彩瓷瓷枕标本　唐代

2、从窑口性上看，中国古代精细胎的绞胎、三彩在窑口特征上十分明确，以著名窑口为显著特征，烧造绞胎、三彩釉最为著名的窑口，就是其创烧的窑口巩县窑，巩县窑在唐代既烧造出了三彩，同时也烧造出了精美绝伦的绞胎釉瓷器，这种成就不是每一个窑场都能达到，它要求有深厚的文化和技术积淀，其他的窑场所烧造的绞胎、三彩釉器皿有见，如陕西的铜川窑也烧造出了精美绝伦的三彩，但还没有证据证明铜川窑完全有能力和巩县窑一样烧造门类齐全的三彩器皿，其他窑口所仿烧的绞胎及三彩可能数量非常少，在精细胎的数量上也是参差不齐，甚至粗糙胎体也有见。鉴定时应注意分辨。

3、从色彩性上看，精细胎的绞胎、三彩在胎色上特征是明确的，胎色纯正是其显著特征，无论是绞胎还是三彩，在胎色上都是较为纯正的，如整个胎体的色彩就是纯白的,不存在串色和偏色现象,灰白胎胎体是灰白的,绞胎瓷器是一种相间色,但这种相间色一般是由两种色彩糅合在一起形成,但无论是白胎还是相间的棕色胎、褐色胎、粉红胎等，在白胎的色彩上都是非常的纯正，没有偏色现象，同样与其相交的粉红胎等色也没有偏色和串色的现象，较为纯正，由此可见，绞胎瓷器显然是以这样一种良好的状态存在，总之精细胎的绞胎及三彩器皿在各个时代的墓葬当中都有见,如,唐宋时期的墓葬当中都有见,从出土的数量上看,多为1—2件(图1-11),从器物造型上看，有碗、盘、碟、壶、杯、钵、罐、盂和各种依仗俑、胡人俑等，可见中国古代绞胎、三彩在胎体上的成就极大，其精益求精的态度对于后世影响深远。不过从总体上看，绞胎及三彩釉在胎体精细程度上的表现比较好。

▲图1-11　精细胎三彩釉标本　唐代

略粗胎

中国古代绞胎、三彩中经常可以见到一些略微粗糙的胎体，这是不可否认的，但从整体数量上看，略粗胎的胎体不占主流地位。从概念上看，略粗胎的胎体没有过于大的缺陷，只是胎体之内有时可以看到一些气孔，个别还可以看到颗粒较大的杂质，偏色现象有见，但一般情况下这些缺陷不会集中在一件瓷器之上，不过当这些特点都集中出现在一件器物之上时，这些缺陷通常会表现出相对的弱化，总之，中国古代绞胎及三彩釉胎体最为严重的情况也就是达到略粗胎为止，过于粗糙的胎体很少见，这是我们在鉴定时应注意分辨的。

从时代特征上看，中国古代绞胎及三彩在略粗胎上表现出了一些较为明显的时代特征，绞胎瓷器实际上在唐、宋、元等各个历史时期都很少表现出略粗胎的状况，偶有见略粗胎者，数量非常少，三彩在唐三彩鼎盛的时期，就是唐武则天到安史之乱这一段时间内，粗糙的唐三彩很少见，基本上是以精细的胎体为主，安史之乱之后略粗胎的胎体有见，在胎体上从宋元时期我们可以看到很多三彩的确有粗糙化的倾向，如胎体内会产生气孔，过于明显的一些杂质等都会有见，这些都是盛唐三彩中鲜见的现象，也是不可想象的事情，因为盛唐三彩精美绝伦（图 1-12）。

▲图 1-12　略粗胎三彩釉标本　唐代

▲图 1-13　略粗胎三彩釉标本　唐代

不过遗憾的是在盛唐三彩衰落之后出现了很多实用器三彩，实用三彩之上略粗胎占有一定的量，这一点是不言而喻的。我们在鉴定时应注意分辨。

从窑口上看，中国古代绞胎及三彩略粗胎的情况在河南巩县窑当中似乎是很少见，巩县窑作为一个具有光荣传统的窑场，它的精品理念是非常强的，从遗址发掘情况来看，在大唐衰落以后巩县窑就很少烧造三彩了，由此可见，它宁可不烧造也不愿意烧造一些粗质的产品；大量略粗胎的绞胎、三彩釉的产品多数是在一些仿烧巩县窑的窑场中烧造的，如山西的浑源窑、河南的修武当阳峪窑等，总之，宋三彩、辽三彩包括金代的一些三彩，诸多的窑场都在烧造，但在胎体的粗糙程度上表现出的都是略粗的状态。从精致程度上看，略粗的胎体与精致程度之间实际上有着明确的关联，精致的瓷器之上很少见到略粗胎的胎体，略粗胎的胎体主要出现在普通和粗糙的胎体之上（图 1-13）。这一点我们在鉴定时应注意分辨。

夹砂胎

中国古代绞胎、三彩胎在夹砂的情况上非常少见，从概念上看，夹砂的目的实际上就是为了胎体在降低温度的情况下由于沙砾的存在而不降低它的硬度，但三彩和绞胎釉器皿作为瓷器之中艺术品，在烧造技术较为成熟的唐宋时期显然是不存在这种需求，所以夹砂的情况比较少见，几乎在绞胎瓷器上不见；但在三彩器皿之上，特别是在实用三彩之上有见夹砂的情况（图 1–14），由此可见，这一被唐代所崇尚的高贵的艺术品，大唐盛世的象征，在唐代衰落之后显然出现了世俗化的过程，这一点是我们所始料未及的，鉴定时应注意分辨。但中国古代三彩器皿中夹砂的情况并不是很严重。从窑口上看，夹砂的胎体主要是以民间窑场所仿烧三彩为主；从精致程度上看，夹砂胎体的三彩器皿与精致三彩无缘，甚至和普通的三彩器皿都无缘，多数对应的是粗糙的三彩。鉴定时应注意分辨。

▲图 1–14　夹砂胎三彩釉标本　唐代

略厚胎

中国古代绞胎、三彩在胎体上多数是略厚，这一点是非常明确的，无论从巩县窑的绞胎、三彩，还是从其他窑场生产的绞胎、三彩器皿上都可以看得很清楚，由此可见，中国古代绞胎及三彩并不排斥厚胎的存在，当然其胎体的厚度绝不是非常的厚，而只是略厚一些，从概念上看，略厚的胎体就是指有一定的厚度，这个厚度比薄胎要厚得多，但是比厚胎要薄得多，这样一个中性的概念，总而言之是一场视觉上的盛宴。从时代特征上看，绞胎及三彩釉的厚度在时代上特征基本相似，唐、宋、辽、金、元时期少量一些三彩器皿，看来这一传统很好地保留了下来，在厚度特征上基本上一致；从窑口上看，基本上也是这样，多仿巩县窑绞胎及三彩的厚度；从精致程度上看，绞胎、三彩釉的略厚胎与精致程度没有过于深刻的联系，可以说是精致、普通、粗糙的瓷器都有见（图 1-15），但对于绞胎、三彩釉而言，普通、粗糙瓷器数量很少，主要以精致的瓷器为显著特征。

▲图 1-15　略厚胎三彩釉标本　唐代

瓷化程度

中国古代绞胎、三彩在瓷化程度上普遍比较好，但明显有两极化的这种趋势，唐三彩多数是用800℃左右的温度烧造而成，属于一种低温釉，从时代上看，这种三彩是从唐高宗时期开始直至唐玄宗时期结束，基本上在烧造温度上都是这样一个温度，但是在安史之乱之后三彩已经不再是一种实用的明器，逐渐转向实用器皿的方向发展，这样温度甚至能达到1200℃，由此可看，对于三彩而言主要是明器和实用器三彩两种情况。对于绞胎瓷器而言也一样是两种情况，一种是瓷化程度、温度非常高，敲击可以发出悦耳的金属声，与其他瓷器没有任何的区别的瓷器；而另外一种是为了能够达到釉质精美绝伦的程度，以及突显它的润泽型，在温度上比较低，可能就是800℃左右（图1-16），由此可见，绞胎瓷器在温度上显然是存在着两极化的倾向，由此我们也可以看到，绞胎、三彩器皿都是由巩县窑所烧制成功，因此在瓷化程度的两极化倾向上也是有着异曲同工之妙，有着相似性的特征，这一点我们在鉴定时应当注意分辨。从瓷化程度上看，瓷化程度的高与低实际上与绞胎瓷器没有过于紧密的联系，但是与三彩器皿的联系较为紧密，最为精致的三彩多为瓷化程度较低的器皿，但并不是说所有瓷化程度较低的器皿都是精致的三彩，这一辩证关系我们在鉴定时应注意分辨，但是温度高的实用三彩至多是普通三彩，或者是粗糙的三彩，一般情况下达不到精致三彩的水平。这一点在鉴定时我们应注意分辨。

▲图1-16　三彩葫芦瓶　唐代

气孔

中国古代绞胎、三彩在胎体气孔的特征上是比较明显，就是多数器皿很少见到有气孔情况（图 1–17），墓葬和遗址当中出土的器皿基本上都很少看到，但是少量绞胎及三彩器皿胎体的横截面上还是存在气孔的，这是一个不可否认的事实。从概念上看，气孔实际上主要是由于胎体的疏松以及烧造温度过高而形成，它的形成是一个综合的过程，与选料、淘洗等都有关系，无论是哪一个方面出了问题都有可能形成气孔，所以气孔的形成就说明绞胎和三彩在胎体上显然是没有达到像官窑器皿那样精益求精的程度，实际上气孔是一种非常难以控制的窑内缺陷，从理论上讲即使再精致的瓷器或者陶器在胎体的横截面上都会出现气孔，只不过是有的非常小，我们的视觉无法察觉到而已，但只要我们的视觉观察不到的，我们就称之为胎体匀净。从时代上看，绞胎及三彩有气孔的时代特征具有两极化的趋势，绞胎瓷器

▲图 1–17　有气孔的三彩釉标本　唐代

特征比较泛化，唐、宋、辽、金、元等各个历史时期都有可能出现，但数量很少，三彩有气孔的在盛唐时期很少出现，但在安史之乱之后，特别是明器三彩衰落之后，实用三彩的地位在上升，在实用三彩上出现了气孔比较多的现象，如果看到实用器三彩胎体横截面上有气孔这并不奇怪，实属正常，所以从时代上看三彩的胎体气孔，特征比较明确，就是从唐玄宗安史之乱开始直至元代。从窑口上看，气孔的特征也非常明确，就是一些著名的窑场，如河南巩县窑生产的产品中就很少出现胎体有气孔的情况，多数是胎体细腻，但是一些其他同时期仿烧窑场烧造的三彩就容易出现气孔等问题。绞胎瓷器在这方面的情况也是这样，如巩县窑生产的绞胎瓷器很少见有气孔的情况。从严重程度上看，中国古代绞胎、三彩由于烧造技术及其烧造态度等各方面都达到了相当高的水平，因此气孔实际上并不严重，数量也不是很多，精致的绞胎、三彩基本上有效杜绝了气孔的存在，而普通绞胎及三彩气孔虽然有见，但数量不是很多，体积较小，看起来并不是很严重，而是粗糙绞胎、三彩十分常见，气孔也比较大，分布可能还会较为密切；从形状上看，气孔多数是以圆形的开裂状存在，以洞状为基本的形制特征，只是偶见有不规则的造型；存在的部位分布较为稀疏，并且没有规律性特征，随时随地都有可能会出现气孔的情况，而不会在某些部位选择出现（图 1-18），这也是我们在鉴定时要搞清楚的一个鉴定要点。

▲图 1-18　有气孔的三彩釉标本　唐代

杂质

▲图 1-19　有杂质的绞胎瓷枕标本　唐代

中国古代绞胎、三彩胎体杂质的情况比较轻微，而精致的绞胎、三彩通常很少见到有杂质的情况，但是从理论上讲杂质是不可避免的，任何胎体之上都应该有杂质的存在，只不过是我们的视觉观察不到而已，对于观察不到的胎体称之为匀净，而绞胎及三彩在胎体上的主流显然应该是匀净；从时代上看，这一特征对于绞胎瓷器而言不是很显著，各个时代都有见，但对于三彩来说具有鲜明的特征，盛唐时期的三彩很少见有杂质，而实用三彩比较常见，时代从唐晚期直到辽金元等时期都是这样；从窑口上看，中国古代绞胎及三彩在胎体上有杂质者窑口特征比较明确，巩县窑基本在胎体上少见杂质的存在，但其他窑场所仿烧者杂质存在的可能性很大，而且是参差不齐，多数不能使胎体匀净。从精致程度上看，精致的绞胎、三彩上很少见到杂质的存在，巩县窑生产的精致绞胎、三彩非常精致，基本上观察不到杂质的存在，而普通三彩在杂质上可以看到星星点点的颗粒，分布较为稀疏，粗糙三彩上杂质的颗粒比较大，分布较为集中，不过绞胎瓷器主要是以精致瓷器为显著特征，普通和粗糙的情况很少见，在色彩上也是这样，主要以色彩的纯正程度为显著特征，纯色胎体很少见到有杂质的情况，而在偏色和串色的胎体上常见伴随着杂质的存在（图 1-19）。鉴定时应注意分辨。

艺术品特质

中国古代绞胎、三彩在胎体上所表现出的艺术品特质非常明显，首先是选料精良，其次是淘洗精练，再者是烧造温度适宜，胎体所显示出来的是致密、坚硬、均匀、细腻、洁白等特点，或是犹如幻境的相间色彩，这样的胎体可以用“尽善尽美”来形容，真正达到了“内外一致”的精神状态，绞胎不仅有行云流水的纹饰，而且也有内部胎体与外部纹饰的一种映照，实际上绞胎纹饰就是由胎而生，这是在博大胸怀之下产生的最为高级的精神产品，它的寓意是做事、做人要“身心一致”“天人合一”，这是其文化内涵最根本的体现。三彩釉也是这样，唐三彩是唐代在物质文化极盛的情况下产生的，人们路不拾遗，对物质文化已经没有诉求的时候应运而生，唐三彩显然是高雅的艺术品，它的烧造在造型、色彩等各个方面都试图达到极致，但这绝不是目的，其目的是要给人们一种“美”的提示，对于自然、对于社会、对于人生的一种积极的态度，这是唐三彩所要达到的效果，体现了人们的内心最底层的呼唤（图 1-20），这一点与唐三彩主要作为下葬用的明器，与唐代三彩随葬制度都有着相当程度契合。鉴定时我们应注意体会。

▲图 1-20　精美绝伦的三彩武士俑　唐代

规整

中国古代绞胎、三彩胎体在规整程度上特征非常鲜明，以规整为显著特征，很少见到器物有变形的情况，这一点从客观上讲与绞胎三彩器皿的胎体略厚有一定关系，因为略厚的胎体不容易变形，再者与烧造的态度有着明显关系，因为三彩和绞胎瓷器都是精美绝伦的艺术品（图 1–21），所以说人们烧造它的时候都是用心去烧造，因此很少见到不规整的情况。从时代特征上看，中国古代绞胎、三彩器皿在时代特征上鲜明，特别是三彩在唐晚期出现了实用三彩的趋势，三彩不再成为人们用于下葬的明器，用于人们精神诉求的对象。于是它在规整程度上有一定的下降，实用三彩之上有见一些变形的情况，但是应该理解，这些实用三彩已经不是我们心中所想象的那种大唐盛世的三彩，它只不过在釉色及造型上与唐三彩比较接近而已；从窑口上看特征也非常明确，河南巩县窑及其一些著名窑口很少出现变形的情况，多是一些土窑烧制的绞胎、三彩有变形者；从精致程度上看，规整的绞胎和三彩主要与精致的器皿有关（图 1–22），不规整者与精致无缘，主要以普通和粗糙瓷器为主。

▲图 1–21　造型规矩三彩执壶　唐代

▲图 1–22　造型规矩三彩束腰枕　宋代

细腻

中国古代绞胎、三彩釉胎体在细腻程度上非常好（图 1–23），这一点是显而易见的，无论是绞胎还是三彩器皿从胎体的横截面上看都是相当细腻。从时代上看，主要是以唐宋时期为显著特征，实际上对于绞胎瓷器而言，这一特征并不明显，包括辽金时期生产的绞胎、三彩器皿，在胎体的细腻程度上都是比较好，三彩器皿在胎体的细腻程度上也是比较好，但时代特征较为明显，以盛唐时代的明器三彩在工艺上达到了最高水平，辽、金、元时期三彩在细腻程度上略有下降，表现为精致、普通、粗糙的胎体分级化的趋势明显；从窑口上看基本上也是这样，主要以民窑生产的器皿为显著特征，如巩县窑生产的产品胎体多细腻，很少有胎体粗糙者；从精致程度上看，绞胎、三彩釉器皿在精致程度与胎体细腻的关系上非常密切，精致的瓷器细腻程度一定是比较好的，但普通和粗糙者在细腻程度上变化却日趋复杂，但主要还是以细腻为主，偶见有略粗的情况。这一点我们在鉴定时应注意分辨。

▲图 1–23　细腻胎体绞胎瓷枕标本　唐代

疏松

中国古代绞胎、三彩中胎体疏松的情况有见（图 1-24），但基本上被限定在特定的时代、窑口及精致程度之内，通常情况下绞胎瓷器很少见胎体疏松的情况，胎体疏松的现象主要以三彩为多见，但在时代上盛唐很少见到胎体疏松的情况，胎体疏松者主要以安史之乱至辽金这一时期见有，但数量非常少，在窑口上也是这样，多数被限定在一些小的窑场所仿烧的巩县窑产品之上，巩县窑产品基本上不见疏松的情况；另外，在精致程度上我们可以看到有严格的限定，就是精致的三彩很少见有胎体疏松的情况，普通者也很少见，主要以粗糙的器皿为显著特征；从明器和实用器上看也有一个很严格的限定，就是明器三彩很少见到胎体疏松者，实用器三彩较为多见，表现为烧造不稳定。这一点我们在鉴定时应注意分辨。

▲图 1-24　绞胎瓷枕标本　唐代

第二章 珍珠地划花瓷

高岭土胎

背景信息：珍珠地划花瓷器在用料上比较复杂，高岭土料和非高岭土料都有见，这显然是由民间窑场在成本使用等各方面的复杂性所决定，从实物观测上看珍珠地划花瓷器以高岭土料为主，当然非高岭土料也占有相当的地位。我们在鉴定时要注意分辨。

鉴定要点：

1、从胎色上看，高岭土胎在色彩上也比较复杂，从大的色彩类别上就可分为白、灰白、青、灰、黑褐、灰褐（图 2-1）、橙色、黄、红色等色彩，不同精致程度的高岭土胎所对应的胎色各异，如白胎对应的往往是精致珍珠地划花瓷器，灰白胎对应普通珍珠地划花瓷器，灰褐色、青灰胎对应的多为粗糙的瓷器，看来色彩纯度决定着高岭土胎在色彩上的异同，但这些情况往往不是绝对的，衍生色彩胎体的珍珠地划花瓷器胎体也有精致程度上非常好的表现。鉴定时要注意分辨。

▲图 2-1　灰褐色高岭土胎珍珠地划花瓷器横截面　宋代

▲图 2-2　选料考究的高岭土胎珍珠地划花枕

2、从时代上看，宋代珍珠地划花瓷器在高岭土的质量上比较好，选料考究的器皿多（图 2-2），金代在质量上则有一些下降，元代粗糙化的程度进一步加深，这一趋势元代看起来比较明显，宋金珍珠地划花瓷器看起来实际上不是很明显。鉴定时应注意分辨。

3、从窑口上看，珍珠地划花瓷器在窑口上具有鲜明的特征，主要是在精致程度上的区别，登封窑、鲁山窑、修武窑、磁州窑、密县窑高岭土的水平在宋代均达到了最高水平，其中高岭土料最为精致者多为登封窑烧造，其次为磁州窑产品，密县窑精品瓷器略逊。

4、从精致程度上看，珍珠地划花瓷器在高岭土选料上与其精致程度关系密切，优质、普通、粗质的 3 种高岭土矿分别对应的是精致、普通、粗糙的珍珠地划花瓷器。从时代上看宋代多见精致者，金元依次递减。

非高岭土料

背景信息：非高岭土料比较复杂，主要以黏土及掺和料为主，黏土料包括细泥、普通泥料等，掺和料包括夹砂料、夹云母料、夹蚌料等，不过与黏土搅拌在一起使用的情况，在珍珠地划花瓷器之上总的来看不是主流（图 2-3）。从数量上看，非高岭土料的珍珠地划花瓷器墓葬和遗址当中都有见，在总量上比较大。

▲图 2-3　黏土与高岭土掺和珍珠地划花横截面　宋代

鉴定要点：

1、从胎色上看，非高岭土料在色彩上呈现出复杂性的特征，什么样的色彩都有，种类很多，但出现频率区别很大，主要以橙红、砖红、橘红、土黄等色为常见，其他胎体有见，但多为偶见。鉴定时应注意分辨。

▲图 2-4　掺和料珍珠地白釉划花横截面　宋代

2、从时代上看，珍珠地划花瓷器非高岭土料在时代特征上不是很明显，并贯穿始终，宋金元时期常有见。

3、从窑口上看，不同窑口中珍珠地划花瓷器发现非高岭土胎的情况十分常见，数量占到多数，或者与高岭土胎呈对峙状态（图 2-4）。鉴定时注意分辨。

4、从精致程度上看，珍珠地划花非高岭土胎的瓷器在精致程度上特征比较复杂，精致、普通、粗糙者都有见，总的来看以精致瓷器为多见，普通和粗糙瓷器比较少见。

淘洗

背景信息：珍珠地划花瓷器在选料之后的第一道工序就是淘洗，珍珠地划花瓷器十分重视胎体的淘洗，多数胎体比较精细，敷衍者甚少（图 2-5）。鉴定时要注意分辨。

▲图 2-5　淘洗精练珍珠地划花瓷器横截面　金代

鉴定要点：

1、从胎色上看，珍珠地划花瓷器胎色与淘洗关系紧密，主要体现在色彩的纯正程度上，淘洗精练者胎色纯正，串色现象很少发生，但淘洗粗略者往往是胎色衍生性比较严重，串色比较严重。由此可见，由于珍珠地划花瓷器民窑性质，在选料上可能存在一些问题，但这促使了其在烧造瓷器态度上更加认真，并以此来补拙。

2、从原料上看，珍珠地划花瓷器原料与淘洗有一定的关联，比如说选料优良的珍珠地划花瓷器在胎体淘洗上精练，这一点是肯定的，但反之则不一定是敷衍，实践证明珍珠地划花瓷器在胎体淘洗上无论是原料优与劣，都表现得比较好（图 2-6），胎体淘洗多为精益求精，粗略者为偶见。

3、从时代上看，宋代珍珠地划花瓷器在淘洗上基本不见粗略者，显然这与宋代处于瓷业发展的鼎盛期有关，金代淘洗略有下降，但不是很明显，元代下降的程度比较明显，我们在鉴定时要注意分辨。

4、从窑口上看，珍珠地划花瓷器淘洗特征不是很明显，各个窑口在淘洗上表现得都比较好，无论磁州窑、登封窑、鲁山窑、修武窑、密县窑等都是这样，宋代最好，金元次之，但在这一点上区别不大。

5、从精致程度上看，珍珠地划花瓷器在淘洗上与精致程度密切相关，精致的瓷器淘洗自然精练，但值得注意的一点是，淘洗精练的珍珠地划花瓷器却未必都是精致的瓷器，这一点我们在鉴定时应注意分辨。总的来看，珍珠地划花瓷器在精致程度上表现比较稳定，少见有淘洗过于精练和敷衍的现象。

▲图 2-6　淘洗较为精练的普通珍珠地划花瓷枕标本　宋代

胎色

1、种类。珍珠地划花瓷器在胎色上具有鲜明特征，常见的主要有橙色胎、橙红胎、橙黄胎、灰黄、灰白胎、褐胎、土黄胎、暗红胎、砖红、灰褐、青灰胎等，由此可见，珍珠地划花瓷器在胎色种类上十分丰富，可见组合也是比较复杂，单色和复色都有，并出现了众多的衍生色彩，如，橙色胎显然是单色范畴，但橙红胎、橙黄胎显然即是复色胎体，又是以橙色为基调衍生出来的色彩（图 2-7）。从数量上看，比例特征比较复杂，以橙色、黄色、红色等色彩为主，褐、灰、黑等色彩比例比较小。这反映了珍珠地划花瓷器胎色多元化的特征。先来看两则实例：

▲图 2-7　橙红胎白釉珍珠地划花瓷器标本　宋代

（1）橙红胎

背景信息：橙红胎的珍珠地划花瓷器在胎色上的主流，墓葬和遗址多见出土，在总量上比较大。

鉴定要点：

①从胎色上看，这是一种橙色较深的色彩，由橙色逐渐向红色过渡，整个色彩比较稳定，从单色上看红色亦是比较明显，串色现象基本不见，但从根本上看仍然是一场视觉盛宴，因为橙红色的判断显然是以视觉为标准。鉴定时应注意分辨。

▲图 2-8　橙红胎白釉珍珠地划花瓷器横截面　宋代

②从造型上看，橙红胎的珍珠地划花瓷器具有鲜明的时代特征，涉及多种器物造型，如，碗、盘、壶、罐、枕、瓶等都有见，但总体来看，以大器为显著特征，如枕、瓶等器皿就比较常见（图 2-8）。鉴定时要注意分辨。

③从时代上看，橙红胎的珍珠地划花瓷器在时代特征上不是很明显，宋、金、元等各个历史时期都有见，在数量上具有均衡化的特征。

④从窑口上看，橙红胎的珍珠地划花瓷器是磁州窑系的重要瓷器品种，涉及诸多窑口，其中以登封窑的烧造最为有名，数量最多。另外，密县窑也有大量烧造。从数量上看以登封窑为最多。

⑤从精致程度上看，橙红胎白画花瓷器精致者时常有见，在总量上比较大，普通的珍珠地划花瓷器也有见，粗糙器皿有见，但数量不是很多。鉴定时注意分辨。

（2）灰褐胎

背景信息：灰褐胎的珍珠地划花瓷器时常有见（图2-9），这种色彩的珍珠地划花瓷器在数量上不是很多，但时代贯穿于整个珍珠地划花瓷器始终，并且多以高岭土或者是高岭土略加掺和料的选料为主。鉴定时注意分辨。

▲图 2-9　灰褐胎珍珠地划花横截面　宋代

鉴定要点：

①从胎色上看，珍珠地划花瓷器的灰褐胎显然属复色彩范畴，灰色与褐色胎体完全融合在一起形成新的色彩，通常灰褐胎的稳定程度成问题，独立性不强，有较为规律的偏色现象。

②从时代上看，灰褐胎的珍珠地划花瓷器时代特征模糊，虽然各个时代都有见，但数量比较多，精品瓷器主要集中在宋代。但相比较主流橙红色胎体，显然数量很少。

③从精致程度上看，灰褐胎的珍珠地划花瓷器在精致程度上特征鲜明，精致者有见，但数量很少，普通和粗糙瓷器亦很少见。

④从窑口上看，灰褐胎的珍珠地划花瓷器在窑口特征上不明显，各个窑口都有见，如，磁州窑、登封窑、鲁山窑、修武窑等都有烧造。数量基本相当，呈现出均衡化的特征。鉴定时注意分辨。

（3）土黄胎

背景信息： 土黄胎的珍珠地划花瓷器时常有见，墓葬和遗址中都有见，从件数特征上看，墓葬出土多为1—2件，遗址出土数量众多，数十件的情况，或者更多者有见。由此可见，土黄胎的珍珠地划花瓷器在总量上有一定的量，显然是珍珠地划花瓷器在胎色上主流色调之一（图2-10）。鉴定时要注意分辨。

▲图2-10　土黄胎珍珠地划花瓷器横截面　宋代

鉴定要点：

①从胎色上看，土黄胎的珍珠地划花瓷器显然属单色的范畴，比较直观，像土一样的黄色故而得名，主要是指我国黄土高原的黄土色彩，色彩比较稳定，具有独立性。

②从时代上看，土黄胎的珍珠地划花瓷器时代特征鲜明，各个时代都有见，数量比较多，有一定的均衡性特征。鉴定时要注意分辨。

③从精致程度上看，土黄胎与珍珠地划花瓷器精致程度有一定的关联，精致者有见，普通和粗糙的瓷器亦有见。

④从窑口上看，土黄胎的珍珠地划花瓷器以磁州窑、登封窑（图2-11）、鲁山窑、修武窑、介休窑、交城窑、密县窑等为多见，各个历史时期都有见，没有过于规律性的特征。

▲图 2-11　登封窑土黄胎珍珠地划花瓷器横截面　宋代

2、相近性。珍珠地划花瓷器在相近性上特征十分鲜明：

土黄胎——橙色胎

灰褐胎——青灰胎

砖红胎——暗红胎

由上可见，珍珠地划花瓷器在胎色相近性特征上比较鲜明，这些色彩之间存在着一定程度的相近性，但仔细观察又是那样根本的不同，这与其民间性质的窑场有着密切的关系，因为从这几种相近胎色上看显然多数不属于高岭土料，而属于非高岭土料的发色。鉴定时要注意分辨。

3、差异性。从色彩差异上看，珍珠地划花瓷器在胎色上有着不同的色阶，差异性比较大：

青灰胎——橙红胎

砖红胎——灰白胎

灰褐胎——暗红胎（图 2-12）

可见这些色彩的确差异性比较大，但这只是理论上的分析，因为从实际情况来看似乎看不到如此众多的对比色彩，原因是如青灰、灰褐、灰白等色在数量上非常少见。鉴定时应注意分辨。

▲图 2-12　暗红胎珍珠地划花瓷器横截面　金代

精细胎

精细胎的珍珠地划花瓷器时常有见，这些胎体具有选料优良、淘洗精练、胎色白皙、匀厚、细腻致密等特点。下面我们从以下几个方面来详细看一看：

1、从时代性上看，宋代精细的珍珠地划花瓷器胎体多见，这可能与宋代发达的烧造技术有关，但由于珍珠地划花瓷器显然是纯粹的民间用瓷，所以在胎体的精细程度上有限，宋代珍珠地划花瓷器胎体的横截面，或许很难达到让人惊叹的程度，只是看上去色彩纯度比较高而已（图 2-13）；普通瓷器中精细胎者不多见；粗糙珍珠地划花瓷器中精细胎几乎不见。金元在精细胎上基本延续前代。但总的来看珍珠地划花瓷器在精致程度上不是太高。

▲图 2-13　色彩纯度较高的精细胎珍珠地划花横截面　金代

2、从窑口性上看，精细胎珍珠地划花瓷器从窑口上看不是很明显，磁州窑、登封窑、鲁山窑、修武窑、介休窑等诸多窑口都有见，以登封窑最常见，在时代上主要以宋代为主。其他时代似乎少见。

3、从色彩性上看，精细胎珍珠地划花瓷器在胎色上具有鲜明特征，基本上锁定在橙、黄、灰、红等色的范畴之内，并不是说除了这几种色彩之外就没有别的色彩，而是几乎所有精细胎体都有这些色调的成分，在胎色上一般不偏色，但也达不到纯正的程度，稳定性较强（图 2-14）。

4、从数量上看，精细胎珍珠地划花瓷器总量不多，以宋代最为多见，金代略有下降，元代下滑得很厉害，但从总量上看比较大，其数量远大于同时期普通和粗糙的珍珠地划花瓷器，墓葬和遗址都有出土，墓葬出土多为一到几件不等，遗址出土数量众多。鉴定时要注意分辨。

5、从器物造型上看，精细胎珍珠地划花瓷器在器物造型上特征比较模糊，无论碗、碗、壶、瓶、枕等都有可能是精细胎体，没有特定的器物选择。

▲图 2-14　色彩稳定精细胎珍珠地划花瓷器横截面　宋代

略粗胎

珍珠地划花瓷器中略粗胎时常有见（图2–15），略粗胎是指有轻微胎体缺陷的情况，如杂质较多、偏色、气孔、规整程度等，这些缺陷有可能都会出现，或者是一两种缺陷的结合体，如在一个胎体上既有杂质又有气孔，但只要有一种缺陷，应该就可以称之为略粗胎了。从珍珠地划花略粗胎瓷器的实物观测来看，特征比较鲜明，除了规整程度外的其他缺陷可能都有见，但是这些缺陷都不是很严重，杂质颗粒比较小，在胎色上有偏色现象，但也都是局部的，不是很明显，气孔呈现出个别化的特征，这样珍珠地划花瓷器胎体整体上看应该只是略粗胎。从数量上看，略粗胎的珍珠地划花瓷器在总量上有一定的规模，墓葬和遗址经常有出土，以遗址出土为主要特征。从时代特征上看，略粗胎的珍珠地划花瓷器各个时代都有见，时代特征并不明晰，这说明了略粗胎的瓷器显然是宋、金、元等各个时期珍珠地划花瓷器的主流。从窑口上看，各大窑口在珍珠地划花略粗胎瓷器特征上基本相同，数量都比较多，具有均衡性特征。从精致程度上看，珍珠地划花略粗胎瓷器不一定都是精致瓷器，但至少有一部分是，普通和粗糙的瓷器常见。鉴定时注意分辨。

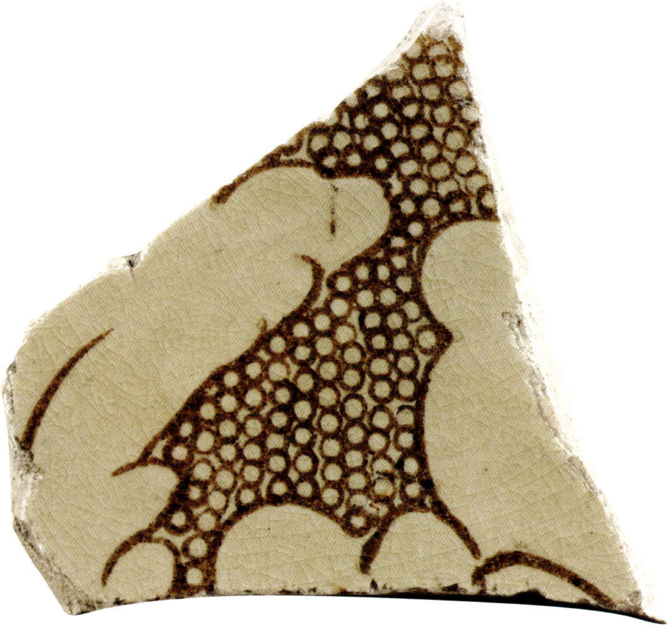

▲图 2–15　略粗胎珍珠地划花横截面　宋代

夹砂胎

珍珠地划花瓷器夹砂胎的情况有见（图 2-16），不过多是以轻微夹砂为主，严重夹砂的情况很少见，这说明了一个现象，珍珠地划花瓷器在胎体上对于夹砂胎还是有所忌讳，所以在选择原料和淘洗时有意避免了夹砂的胎体，但珍珠地划花瓷器毕竟是民间窑场所烧造，由于受到成本等各个方面条件的限制，夹砂胎的情况显然是不能完全杜绝的，不过我们可以看到珍珠地划花瓷器在控制夹砂胎体上所做的努力，当然这些努力也取得了相当的成就，总体来看珍珠地划花瓷器在胎体夹砂的情况并不严重。墓葬和遗址当中很少见到夹砂胎体，多为偶见的情况。从色彩上看，珍珠地划花瓷器夹砂胎在色彩上以星星点点的白、褐、红、棕等色细小颗粒为主，这些色彩在特定的条件下很容易被人们观测到，如白色夹砂颗粒在暗红色之上人们很容易观测到，但如果棕色颗粒在橙色的胎体上就不太容易观察到，这说明珍珠地划花瓷器虽出自民窑，但在烧造上还是比较讲究，由此可见珍珠地划花瓷器力图华丽的本质特征，珍珠地划花瓷器对于华美效果的尝试从胎体就开始了。从原料上看，珍珠地划花瓷器夹砂胎与原料有一定的关联，但并非密切，因为无论是高岭土料还是黏土料珍珠地划花瓷器都尽量避免了夹砂胎的出现。从时代上看，珍珠地划花瓷器时代特征明显，宋代有见，金元时期亦有见，但数量不是很多。从精致程度上看，夹砂胎的珍珠地划花瓷器精致程度不明晰，因为是偶见，所以夹砂胎体有时能见到较为精致的瓷器，普通和粗糙者也都有见。

▲图 2-16　夹砂胎珍珠地划花瓷器横截面　宋代

较厚胎

珍珠地划花瓷器胎体多数是较厚胎，从珍珠地划花瓷器中大宗的碗、盘、壶、瓶、枕等器皿之上都可以看到，胎体的横截面通常较厚，但胎体厚薄是一个比较复杂和相对的概念，它并不完全是一场视觉上的盛宴，主要是相对于造型来进行判断，如一些珍珠地划花枕的厚度可以达到 1 厘米，手感较重。即使碗、盘等器皿在胎体的厚度上也是比较厚，从视觉上观察这些胎体可能不算厚，但是如果从造型上看应该只能属于较厚胎。从时代上看，珍珠地划花瓷器较厚胎瓷器时代特征并不十分明显，各个历史时期基本相当，相比较而言，元代比宋金时期在厚度上略增（图 2-17）。从窑场上看，无论是著名的磁州窑珍珠地划花瓷器还是登封窑和密县窑等产品，较厚胎都是珍珠地划花瓷器的主流特征。鉴定时要注意分辨。

▲图 2-17　较厚胎珍珠地划花瓷器横截面　宋代

瓷化程度

珍珠地划花瓷器瓷化程度特征比较鲜明，从墓葬和遗址出土的器皿来看，珍珠地划花瓷器的胎体完全被烧结、致密、坚固，但如果从遗址上看大规模出土的珍珠地划花瓷器，偶有见瓷化程度不高的情况，胎体有疏松现象，但这种情况很少见，如果与总量相比几乎可以忽略不计。由此可见，瓷化程度高的珍珠地划花瓷器占据着统治地位，这一点应该与珍珠地划花瓷器深度民间性质契合，在此更强化了我们的一个观念，就是民间窑场更注重的是其实用的价值（图 2-18）。从时代上看，宋、金、元等各个时代在瓷化程度上都比较高，没有哪一个时代在瓷化程度上表现出特别明显的现象，而且出现了惊人的一致性特征。在精致程度上，瓷化程度高者并没有与精致程度过于紧密的联系，可以说精致、普通、粗糙者都有见。鉴定时要主要分辨。

▲图 2-18　瓷化程度高珍珠地划花牡丹纹瓷枕　宋代

气孔

珍珠地划花瓷器胎体气孔的情况有见（图2-19），数量不是很多，墓葬出土器皿较少，窑址、城址出土的珍珠地划花瓷器也不多见，只是有见而已。从总量上看，有气孔的珍珠地划花胎体不占优势。从器物观测来看，有气孔的珍珠地划花瓷器胎体多是由于疏松，烧造时温度过低造成的，气孔的出现是一个综合的过程，显然与选料、淘洗、做工等诸多工序都有着密切的关系，无论在哪个方面出了问题都会在胎体上形成气孔，气孔的存在是一个传统的问题，从理论上讲瓷器在胎体上显然无法完全避免气孔，但可以将气孔出现的概率大为降低，如，选用高岭土料、淘洗精练、烧造温度高等诸多特点，珍珠地划花瓷器显然十分重视这些技术细节，所以大大降低了气孔在瓷器上出现的概率，在气孔出现上并不严重。从精致程度上看，珍珠地划花瓷器基本上制止了胎体气孔大量出现的可能性，无论是精致珍珠地划花瓷器还是普通器皿，甚至是粗糙的珍珠地划花瓷器，在气孔出现的频率上都比较低。从形状上看，珍珠地划花瓷器在气孔形状上不一，有的开裂比较小，如针孔一般，但有的比较大，有一个小洞的造型，气孔的分布显然是局部的，由于其偶发性，所以胎体的任何地方都有可能出现，密集的情况很少见，多是单个出现，或者集中两三个出现，再密集的情况很少见。从时代上看，珍珠地划花瓷器有气孔时代特征并不明显，宋、金、元时期都有见，偶见性较强。鉴定时注意分辨。

▲图 2-19　有气孔的珍珠地划花瓷器胎体标本　宋代

杂质

▲图 2-20　杂质与胎色基本融为一体的珍珠地划花瓷器标本　宋代

有杂质显然是珍珠地划花瓷器胎体不可避免，这是由杂质本身的特点决定的，因为杂质是一个非常复杂的概念，对于微观杂质淘洗再精练的胎体之上都有可能会出现，这一点是显而易见的。当然我们在这里区别宏观与微观杂质的概念主要是以视觉为判断，视觉观察不到的杂质我们就可以称之为微观的，而对于视觉能够观测到的称之为宏观杂质。珍珠地划花瓷器是深度流行于民间日常生活用具，但显然在民间用瓷当中珍珠地划花瓷器是较高端的，但在胎体的选料上珍珠地划花瓷器不可能像官窑瓷器那样去选择优质高岭土料，而只能选择普通的材料，那么普通材料即使淘洗很精练，有的时候还会有诸多杂质存在，过硬的淘洗只能减弱杂质存在的状态和程度，通常情况下珍珠地划花瓷器胎体上的杂质都不是很明显，而是星星点点的若隐若现，视线无法察觉到的情况很少见。从精致程度上看，珍珠地划花瓷器与精致程度关系并不密切，但这种关系在珍珠地划花瓷器之上基本上趋向模糊，这说明珍珠地划花瓷器在烧造技术上趋于稳定（图 2-20）。从色彩上看，珍珠地划花瓷器杂质在色彩上很多与胎色融为一体，但有的表现较明显，或黑、褐、红、紫、灰、青、棕等色的杂质都有见。从时代上看其特征不是很明显，宋、金、元等各个时代都亦有见，杂质的状态也都较为固定化，没有过于复杂的时代特征。鉴定时注意分辨。

艺术品特质

珍珠地划花瓷器在胎体上所表现出的艺术品特质很明确，它的纹饰具有唐代金银器錾花工艺特征，显然立意比较高，虽然它所借鉴的是金银器皿装饰特征，力图华贵（图 2-21），实际上珍珠地划花瓷器也达了这种效果，在满饰珍珠地器皿之上装饰纹饰是何等的高贵典雅。但当我们打开珍珠地划花瓷器的胎体之时却可以看到胎体多不是很精细，特别是在用料上都比较差，釉层相当的薄，化妆土也不是最好的，一切都是在节约成本的情况下进行，民间窑场的特征十分浓郁，这与其华丽的外表实际上是相悖的，但这种相悖并不意味着珍珠地划花瓷器“爱慕虚荣”，反而反映了其追求“美”的本质，珍珠地划花瓷器并不是刻意模仿金银器上的装饰，而是要将这种贵金属的装饰方法引入到民窑瓷器之上，使其与质朴的情怀结缘，这种质朴首先建立在实用的基础之上，珍珠地划花瓷器选择了最为普通的原料以达到降低成本，目的是“通销天下”，这应该是珍珠地划花瓷器终极目标，从这一点上看珍珠地划花瓷器体现的是一种“大爱”（图 2-22）。在这种朴实无华大爱思想的指引下，珍珠地划花瓷器在淘洗上异常的精练，在造型上极尽隽永，纹饰线条流畅，刚劲有力，构图合理，烧造温度比较高，以至于多数珍珠地划花瓷器都是精致器皿，普通和粗糙瓷器在数量上破天荒地变成了少数，这在瓷器史上是一大创举。“尽善尽美”“朴实无华”是其精神内涵，启迪我们现代人深思，或许这就是我们需要继承的东西。鉴定时注意分辨。

▲图 2-21　力图华贵的珍珠地划花瓷枕　宋代

▲图 2-22　“通销天下”的珍珠地划花标本　金代

规整

珍珠地划花瓷器胎体在规整程度上较为显著，规整的瓷器从发掘出土情况来看，窑址、城址和墓葬常见，总量比较大，可以说是珍珠地划花瓷器在规整程度上的主流。不过规整显然是一场视觉的盛宴，因为规整无法用弧度之类的尺寸来测量，它实际上是以视觉来进行判断，工匠在制作时实际上也是这样做的。事实上珍珠地划花瓷器规整程度上的表现比较容易理解，因为较厚的胎体本身比较容易烧造，珍珠地划花瓷器在略厚胎的保证下多数瓷器都可以一次烧造成功，这样实际上也就大大降低了成本，因为残次品少了，这一点我们应能理解，一个民间窑场首要的任务就是为了生存的需要，所以必然要降低成本，除了以上讲过不使用过于优良的原料外，还有重要一点就是略微增加胎体的厚度，以杜绝残次品的出现，这一点实际上与同时期白釉画花等民窑性质的窑场所烧造的瓷器是一致的，因此珍珠地划花瓷器很少见到变形器皿（图 2-23）。从时代上看，珍珠地划花瓷器在时代特征不明显，宋金和元代基本上都是以规整的胎体为主要特征。从精致程度上看，珍珠地划花瓷器胎体的规整程度与所对应的精致程度关系不大，很简单，因为几乎所有的珍珠地划花瓷器在胎体上都是规整的，所以精致、普通、粗糙的珍珠地划花瓷器也都有见。

▲图 2-23　造型规整珍珠地划花白瓷枕　宋代

手感

珍珠地划花瓷器手感上特征明显，比较重是其核心特征，这一点无论是珍珠地划花瓷枕还是其他器皿，如盘、瓶、壶等都是这样，需要用双手捧着的器皿非常多，这一点与白釉画花瓷器十分相像，无论是磁州窑还是登封窑或者是制作珍珠地划花的其他窑口显然十分清楚，因而在造型的选择上体现得淋漓尽致，碗、盘的造型有见，但数量很少，因为如果这样的器皿胎体过重（图 2-24），就不适合于人们的进食器的需要了，肯定会销售不出去。所以在造型选择上多选择是一些枕和瓶等造型，枕主要为人们的寝具，客观上要求放置在床上，需要厚重和稳定，从这一点上看与珍珠地划花瓷器在手感上的厚重的特征是相符的，所以宋代珍珠地划花瓷器在器物造型上枕的造型选择最多。珍珠地划花瓷瓶在造型上也是这样，这类瓶一般是用于陈设和装饰，放置在厅堂之中，不随意移动，这一点也恰好契合了珍珠地划花瓷器手感厚重的特征，放置起来可能会更加稳定，所以珍珠地划花瓷器在造型的选择上也多选择了大型装饰器皿瓶的造型，这一点是显而易见的。由此可见，厚重是珍珠地划花瓷器手感的最主要特征之一，鉴定时我们要注意体会。

▲图 2-24　胎体厚重珍珠地划花瓷器标本　金代

细腻

珍珠地划花瓷器在胎体细腻程度上表现不是很好，这一点从整个珍珠地划花瓷器的横截面上看都是这样，细腻者非常少见（图 2-25）。但在珍珠地划花瓷器当中也很少见到胎体十分粗糙的情况。从细腻的程度上看，珍珠地划花瓷器胎体的细腻程度除了与淘洗的精致程度关系密切，而且与原料的选择有关，从淘洗上看珍珠地划花瓷器的淘洗已是比较精练，但只是由于原料的选择略粗，所以即使淘洗的很仔细，其胎体横截面给人们的视觉感觉显然达不到官窑胎体那样细腻的程度。从时代上看，珍珠地划花瓷器细腻的胎体在时代特征上不是很明显，各个时代表现基本相当。从窑口上看，磁州窑、登封窑、鲁山窑、修武窑、介休窑、密县窑等在这方面表现都十分稳定。鉴定时应注意分辨。

▲图 2-25　手感细腻珍珠地划花瓷器标本　宋代

疏松

珍珠地划花瓷器中胎体疏松者有见，但数量很少，多为偶见（图 2-26）。在数量上，墓葬和窑址、城址内都有见，不过从件数特征来看，多为一到几件，总量非常小，与整个珍珠地划花瓷器总量相比可以说是沧海一粟，几乎可以忽略不计，处于非常从属地位。原因是疏松胎体所需与之共生的诸多条件，珍珠地划花瓷器都做得比较好，如烧造温度低、选料选择粗略、淘洗不够精练等。从精致程度上看，胎体疏松的珍珠地划花瓷器与其精致程度并没有过于紧密的关联。从时代上看，珍珠地划花瓷器宋、金、元等各个时代基本上相似。从窑口上看，珍珠地划花瓷器在窑口特征上不是很明显，各个窑场基本上都是鲜见胎体疏松者。鉴定时我们要注意分辨。

▲图 2-26　胎体疏松珍珠地划花瓷器标本　金代

第三章 酱、褐、青白釉瓷

高岭土胎

背景信息：中国古代酱、褐、青白釉瓷器以高岭土料为主（图 3-1），这是由高岭土料自身诸多优点所决定的，如延展性好、坚固、不变形等特点。但黏土胎也有一定的量，特别是对于酱、褐釉瓷器更是这样，这与其民窑性质有着一定的关联。鉴定时应注意分辨。

▲图 3-1　洁白胎青白瓷标本　元代

鉴定要点：

1、从胎色上看，酱、褐、青白釉瓷器在胎色种类上比较丰富，常见的有白胎、灰白胎、青灰胎、黑褐胎、橙色胎、米黄胎等，由此可见，胎色的确是十分丰富，基本上传统瓷器之上拥有过的色彩在这里都能找到（图 3-2），但在这些胎色的数量上酱、褐、青白釉瓷器有着鲜明的特征，主要分为两种情况：一是酱、褐釉瓷器在胎色上比较复杂，各种胎色基本上都有，比例较为均衡化；二是青白瓷在胎色上主要以白色和灰白胎为主，其他胎色很少见。从串色与偏色上看也是这样，酱、褐釉瓷器串色和偏色现象很严重，青白釉瓷器在色彩上比较稳定，很少见到偏色较为严重的现象。鉴定时应注意分辨。

▲图 3-2　高岭土胎青白瓷窗饰　宋代

2、从时代上看，酱、褐釉瓷器在这一点上与青白瓷区别较大，酱、褐釉瓷器在六朝、隋唐五代时期高岭土选料不是很优良，宋元直至明清时期都延续着这一特征，在时代特征上可以说是比较稳定；而青白瓷在时代特征上以宋代选料和淘洗最精，元明时期略逊，但仍然是以白胎和灰白胎为主，只是在厚度上表现为略厚，质量上略逊。鉴定时应注意分辨。

3、从窑口上看，酱、褐、青白釉瓷器在窑口上特征比较明显，酱、褐釉瓷器没有特定的窑口，普通的窑场都有搭烧，不过由于其深度民间生活用具的特点，基本上窑场烧造的特点相似，没有过于精细的胎体。而烧造青白瓷的窑场很明确，就是著名的景德镇窑，宋元时期景德镇窑实际上是在大量烧造青白瓷，在高岭土选料上比较稳定，选料优良，淘洗细腻，达到了相当高的水平，虽为民窑但可以与官窑相媲美。对于景德镇窑系的产品而言，基本上秉承了景德镇窑在高岭土使用上的这一特点（图 3-3），在烧造上较为讲究。鉴定时应注意分辨。

▲图 3-3　洁白细腻高岭土胎青白瓷标本　元代

4、从精致程度上看，高岭土选料的优良程度与酱、褐、青白釉瓷器的精致程度有一定的关联，但这种关联以酱、褐釉瓷器为一极，青白瓷为另外一极，酱、褐釉瓷器中的高岭土胎整体选料较差，但整体较为稳定，从各个时代上看基本上都是这样；另外一极就是青白釉瓷器在高岭土料的选择上以优良为主，同样也是比较稳定。另外，在胎色上高岭土胎的胎色可以反映出胎体的优劣程度，洁白胎所对应的瓷器多是精致的青白瓷，而黑褐胎等所对应的多数为较为粗糙的酱、褐釉瓷器。鉴定时应注意分辨。

黏土料

背景信息：黏土是硅酸盐材料的一种，包括细泥料、泥质料、夹砂料、夹云母料、夹蚌料、夹杂高岭土料等，黏土料在酱、褐、青白釉瓷器之上时常有见，虽然不占据主流，但有一定的量。这一点我们在鉴定时应注意体会。

鉴定要点：

1、从胎色上看，黏土料在色彩上有一定程度的局限性（图 3-4），基本上被限定在橙色胎、黄褐胎、米黄胎、红胎等色彩范畴之内，纯正的白胎很少见。

▲图 3-4　黏土胎酱釉瓷盒　金代

2、从时代上看，酱、褐、青白釉瓷器黏土胎时代特征比较明显，自酱、褐釉瓷器产生的六朝时期就有，宋元以降，直至明清都有见，可见几乎贯穿于其生命的全过程，这与酱褐釉瓷器为深度民窑产品地位分不开，正是因为是民窑瓷器当中的低档品，致使在胎料的选择上使用黏土料频繁；而青白釉黏土料的使用上与酱、褐釉瓷器型成了鲜明的对比，可以说自宋代产生之后就很少见到，由此可见，青白瓷显然是民窑瓷器中的精品，在层次上显然比酱、褐釉瓷器整体要高。

3、从窑口上看，黏土胎的酱、褐、青白釉瓷器在窑口特征上分为两种情况，青白瓷很明确就是景德镇窑烧造，并形成了巨大的瓷窑系统，但无论是景德镇窑还是窑系窑场中基本上都很少见到黏土胎。而酱、褐釉瓷器自六朝产生以来各个窑场都有烧造，虽然没有固定窑场烧造，但特征基本相似，黏土胎的瓷器时常有见。鉴定时应注意分辨。

4、从精致程度上看，黏土胎的酱、褐、青白釉瓷器与精致程度的关系比较明确，通过观察黏土胎的瓷器多数在精致程度上不是很好，多以普通、粗糙为常见，特别是过于精致的瓷器之上基本不见。

淘洗

背景信息：淘洗是在选料之后的一道必需的工序，中国古代酱、褐、青白釉瓷器在胎体淘洗上的特征是，模糊与清晰相对（图 3-5），淘洗精练、普通、粗糙者可以说都有见。

▲图 3-5　淘洗精练青白瓷器茶盏　宋代

鉴定要点：

1、从胎色上看，在酱、褐、青白釉瓷器众多的胎色之中，主要分为两大阵营：一是以白胎为主色调，如洁白、灰白等；二是以橙色胎体为主色调，如橙黄、黄褐等。通常情况下白色调胎体淘洗精练，胎质细腻，而橙色调胎体则淘洗不是很好，以普通和粗糙瓷器为主。鉴定时应注意分辨。

2、从原料上看，酱、褐、青白釉瓷器中原料与淘洗的关系十分密切，高岭土胎者多数淘洗较为精练，但非高岭土胎或者是掺和料在胎体淘洗的精致程度上不是很好，经常出现这样或者是那样的问题。

3、从时代上看，酱、褐、青白釉瓷器淘洗在时代特征上酱褐釉瓷器不是很明显，六朝、隋唐五代、宋元、明清基本相似，淘洗一般，精益求精者少见；而青白瓷则不同，以宋代为显著特征，在胎体的淘洗程度上达到了相当高的水平（图 3-6），元明清时期逊色，有向粗质化发展的趋势，只是表现不是很明显而已。

▲图 3-6　淘洗精练青白瓷标本　宋代

4、从窑口上看，酱、褐、青白釉瓷器淘洗特征十分明确，以宋元时期景德镇窑为显著特征，特别是宋代在淘洗上精益求精；酱、褐釉瓷器在淘洗上窑口特征不是很明显，各个时代不同的窑口基本上都搭烧有一些酱、褐釉的瓷器，在淘洗上不是很精细。

5、从精致程度上看，淘洗与酱、褐、青白釉瓷器的精致程度有一定的关联，精致瓷器在胎体淘洗上基本上都是淘洗精练者，但淘洗精练者未必都是精致的瓷器，有许多普通，甚至是粗糙的瓷器在胎体上都可能是淘洗较为精练。从釉色上看，以青白瓷在胎体淘洗上较为精细，酱、褐釉瓷器在胎体淘洗上不是很稳定。

胎色

1、种类。中国古代酱、褐、青白釉瓷器在胎色上具有鲜明特征，常见的主要有白色、灰白、青色、灰色、红色、米黄、褐色、青灰、深灰、暗红、灰褐、黄褐、橙色、砖红等胎色（图 3–7），由此可见，中国古代酱、褐、青白釉瓷器在胎色种类上十分丰富，组合也比较复杂，衍生色彩比较复杂，看来酱、褐、青白釉瓷器在胎色上显然是向着多元化的方向发展。先来看两则实例：

▲图 3–7　洁白精细胎青白瓷茶盏　北宋　林业

（1）白胎

背景信息：酱、褐、青白釉瓷器白胎常见者为青白瓷，酱、褐釉瓷器很少见到，墓葬和遗址基本都有出土，总量较大，由此可见，白胎显然是以青白瓷为显著特征。

鉴定要点：

①从胎色上看，白胎多以较为纯正的色彩为常见，胎骨看起来非常的漂亮（图3-8），淘洗非常精练，基本上看不到杂质，色彩均匀，稳定性很好，鉴定时应注意分辨。

▲图3-8　白胎青白瓷标本　元代

②从造型上看，由于青白瓷是人们日常生活当中的用具，宋元时期景德镇窑又是一个巨大的民窑，因此造型涉及众多，如碗、盘、碟、洗、盒、壶、罐、炉、盆等都常见。在造型上并没有过于规律性的特征。

▲图3-9　白胎青白瓷胎体　宋代

③从时代上看，洁白胎的青白瓷在时代特征上很明确（图3-9），主要以宋代为显著特征，元代在洁白胎上明显逊色于宋代。鉴定时应注意分辨。

④从窑口上看，白胎的青白釉瓷器在窑口上特征明显，主要以景德镇窑为显著特征，其他窑口很少见有烧造，景德镇窑形成了巨大瓷窑系统，如福建德化窑、同安窑、广东潮安窑等，都大量烧造青白瓷。

⑤从精致程度上看，洁白胎的青白釉瓷器在精致程度上特征很明确，就是以精致的青白瓷器为多见，普通者很少见，从时代上看，以宋代为显著特征。

（2）灰黄胎

背景信息：酱、褐、青白釉瓷器中灰黄胎者常见，我们来看一件实例，“酱釉钵 1 件 (T0406③：5)。灰黄胎”（福建博物院、福鼎市文体局、福鼎市旅游局、太姥山风景区管理局：《福建福鼎市太姥山宋代国兴寺遗址的发掘》，《考古》，2003 年 12 期）。这并不是一个孤例，像这样的例子很多，墓葬和遗址内都有见，在总量上有一定的量。

鉴定要点：

①胎色上看，灰黄胎的胎色显然是一种复合色彩（图 3-10），色彩比较稳定，具有独立性，偶见有串色与偏色现象。从瓷器种类上看，以酱、褐釉瓷器为主，很少见到青白瓷有灰黄胎的情况。鉴定时应注意分辨。

▲图 3-10　灰黄胎褐釉瓷器标本　宋代

②从时代上看，灰黄胎的酱、褐、青白釉瓷器在时代特征上十分明确，各个历史时期都有见，无过于规律性的特征。

③从精致程度上看，灰黄胎的酱、褐、青白釉瓷器与精致程度的关系较为密切，从标本观测来看，以普通甚至是粗糙者为显著特征，精致者很少见。

④从窑口上看，灰黄胎的酱、褐、青白釉瓷器在窑口上特征比较复杂，由于是以酱、褐釉瓷器为主，而酱、褐釉瓷器并没有专有的窑口烧造，各个时代和窑口基本上都有见搭烧。鉴定时应注意分辨。

2、相近性。中国古代酱、褐、青白釉瓷器在相近性上特征十分鲜明：

洁白——灰白

灰黄——灰褐

砖红——红褐

这些色彩之间存在着一定程度的相近性，非常相近的情况也有见，偏色和串色现象并不严重，这说明民窑酱、褐、青白釉瓷器同样可以在胎色上保持较为稳定的状态。鉴定时应该注意分辨。

3、差异性。从色彩差异上看，中国古代酱、褐、青白釉瓷器胎色有相当程度的差异性：

洁白——灰黄

灰白——橙色

由上可见，洁白胎和灰黄色相差很远，一种是单色，一种是复色，而且不在同一个色阶上（图 3-11），几乎是对立的色彩，如此大的色彩差别，显然也昭示出酱、褐、青白釉瓷器在胎料选择上的巨大差异，当然主要是高岭土和黏土料的差别。鉴定时应引起我们的特别注意。

▲图 3-11　灰黄胎褐釉标本　金代

精细胎

中国精细胎的酱、褐、青白釉瓷器经常有见，其特点比较简单，以青白瓷为显著特征，选料优良、淘洗最为精练、胎色洁白、匀厚、细腻致密等。酱、褐釉瓷器精细胎数量较为少见。总之，精细胎的酱、褐、青白釉瓷器有以下几个显著特点：

①时代性

②窑口性

③色彩性

1、从时代性上看，酱、褐、青白釉瓷器精细胎时代特征十分鲜明（图3–12），以宋代最为常见，其他时代有见，但数量较少。从选料上看，主要以高岭土料为主。

▲图 3–12　洁白精细胎标本　元代

2、从窑口性上看，精细胎的酱、褐、青白釉瓷器在窑口特征上较为明确，由于是以青白瓷为主，而青白瓷器又是以景德镇窑及窑系生产为主，所以从窑口上看显然是以景德镇窑为显著特征。其他的窑口很少见。

3、从色彩性上看，精细胎体的酱、褐、青白釉瓷器在胎色上特征很明确，主要是以洁白胎为显著特征，其他的显然在胎色上已经略逊一筹。

4、从数量上看，精细胎体的酱、褐、青白釉瓷器数量特征十分明确，就是青白瓷精致瓷器的数量以宋代为主，墓葬和遗址内都有出土，其件数特征上 1—2 件，显然没有宋元时期一般胎体数量丰富，但在总量上显然有一定的量。鉴定时应注意分辨。

略粗胎

中国古代酱、褐、青白釉瓷器中略粗的胎体经常可以看到，这是一些介于细胎和真正粗胎之间的胎体，这类瓷器在胎体上有一定的缺陷，如杂质比较明显，在胎色上有一些偏色等，但一般情况下不会是所有的缺点都集中在一件器物之上（图3-13）；从数量上看，略粗胎的酱、褐、青白釉瓷器数量有一定规模，墓葬和遗址经常有出土，在总量上比较大，显然占据着绝对主流的地位。在时代上略粗胎的酱、褐、青白釉瓷器特征很明显，各个时代基本上都占据着主流地位，相比较而言，宋代在青白瓷上少一些，但略粗胎的青白瓷器显然也是占据着统治地位。从窑口上看，无论是烧造酱、褐釉瓷器的广大民窑，还是烧造青白瓷的景德镇窑都是以略粗胎为绝对主流。从精致程度上看，略粗胎与瓷器的精致程度有一定的关联，这一点很明确，略粗胎的瓷器多数是普通和粗糙者，只是偶见有精致的情况。鉴定时应注意分辨。

▲图 3-13　胎体略粗青白瓷标本　元代

较粗胎

中国古代酱、褐、青白釉瓷器中较粗的胎体有见，这些胎体缺陷看起来非常明显，如杂质颗粒比较大，淘洗不是很精练，或者是疏松和严重偏色等现象都可能存在，而且这些缺点有时会集中出现在一件瓷器的胎体横截面之上，使整个胎体变得较为粗糙；从数量上看，较粗胎以酱、褐釉瓷器为最常见，但显然在酱、褐釉瓷器中不占主流；青白釉瓷器在数量上显然很少见，或者说处于偶见的地位。从时代上看，较粗胎的酱、褐、青白釉瓷器特征不是很明确，可以说各个时代都有见。从窑口上看，以烧造酱、褐釉瓷器的广大民窑为多见，烧造青白瓷的景德镇窑很少见。从精致程度上看，较粗胎的酱、褐、青白釉瓷器与精致程度的关系很清晰（图3-14），较粗胎者多数为粗瓷，当然普通的瓷器也有，不过数量很少。鉴定时应注意分辨。

▲图3-14　较粗胎黑瓷壶　金代

夹砂胎

中国古代酱、褐、青白釉瓷器胎体夹砂的情况有见，在胎体上可以看到明显的沙砾痕，轻微和严重夹砂的情况都有，这与其民间用瓷的性质是分不开的，由此可见，酱、褐、青白釉瓷器在胎体上并不避讳夹砂胎的存在。从数量上看，主要以酱、褐釉瓷器为主（图 3-15），青白瓷夹砂胎的现象并不严重，从墓葬和遗址出土器物上可以清楚地看到这一点；从总量上看夹砂胎者也占据不到主流地位。从色彩上看，夹砂胎在色彩上没有过于固定化的特征，只是洁白胎上基本不见夹砂的存在，其他胎体夹砂存在的可能性较大。从原料上看，中国古代酱、褐、青白釉瓷器夹砂的胎体与原料有关系，通常情况下以高岭土为料者夹砂胎少见，而以黏土为料的酱、褐、青白釉瓷器夹砂时常有见。从时代上看，中国古代酱、褐、青白釉瓷器在时代特征上并不明显，各个都有见，相比较而言处于中国古代瓷业鼎盛期的宋代夹砂胎的数量少见一些。从精致程度上看，酱、褐、青白釉瓷器夹砂胎在精致程度上不容乐观，多数为粗糙瓷器，普通瓷器也有见，精致瓷器基本不见。鉴定时应注意分辨。

▲图 3-15　夹砂胎酱釉瓷壶　金代

略厚胎

中国古代酱、褐、青白釉瓷器在胎体上多数略厚，薄胎只占很小一部分，这一点是显而易见的，从实物观测上看，略厚胎体以酱、褐釉瓷器为常见，青白釉中的略厚胎者有见，但没有酱、褐釉瓷器表现的那样稳定，从数量上来，几乎占到中国古代酱、褐、青白釉瓷器厚度特征的大部（图 3-16）。从概念上看，中国略厚胎的酱、褐、青白釉瓷器就是指有一定厚度的胎体，但这个厚度比厚胎薄得多，比薄胎厚得多，这显然是一个中性的概念，不过这不是一个尺寸上意义上的概念，而是一种视觉上的盛宴。从时代上看，各个历史时期基本上都有见，没有过于规律性的特征。从精致程度上看，略厚胎的酱、褐、青白釉瓷器在精致程度上比较复杂，但多数以普通和粗糙的瓷器为主，精致者有见，但数量很少。从窑场上看，由于是以酱、褐釉瓷器为主，所以基本上所有的民间窑场都烧造有略厚胎的瓷器。鉴定时我们应注意分辨。

▲图 3-16　略厚胎酱釉瓷碗　金代

厚重胎

厚重胎的酱、褐、青白釉瓷器常见，墓葬和遗址当中都有出土，在总量上虽然不占主流，但有一定的量；从实物观测上看，胎体厚重者酱、褐釉瓷器并不常见，真正常见的是青白瓷（图 3–17），但并不是所有的青白瓷都是胎体厚重者，而是在特定时代里有一部分胎体十分厚重，而且具有一定的稳定性，这就是元代景德镇窑青白瓷器，从数量上看几乎占到青白瓷厚度特征的大部。从概念上看，青白瓷在胎体厚度上的确是异常的厚，这一点从视觉上看一看就很清楚；从重量上看，由于是高岭土烧造，原料也不是很精练，所以在手感上有一定的重量，胎体感觉十分厚重。从时代上看，以元代为显著特征，明代也有一部分，但数量比元代窑少得多。从精致程度上，看厚重胎的酱、褐、青白釉瓷器在精致程度上特征比较明确，主要以普通和粗糙瓷器为主，精致者很少见到。从窑口上看，主要以元代景德镇窑为显著特征。鉴定时我们应注意分辨。

▲图 3–17　厚重胎酱釉青白瓷标本　元代

轻薄胎

中国古代酱、褐、青白釉瓷器中轻薄胎者有见，从实物观测上看，轻薄胎的瓷器酱、褐很少见，主要以青白瓷为常见，从数量上来，墓葬和遗址内都有出土，但数量很少，多为1—2件，从总量看只是酱、褐、青白釉瓷器的点缀。从概念上看，中国轻薄胎的青白瓷就是指胎体较薄的瓷器，但有一定的厚度，并不像后来乾隆时期的薄胎瓷那样薄如纸，在当时这些轻薄胎的瓷器应该还是茶具一类的实用器皿，但这个厚度不是一个尺寸上的标准，而是一种视觉上的盛宴（图3-18）。从时代上看，以宋代为显著特征，其他历史时期很少见，由此可见具有鲜明的特征。从精致程度上看，轻薄胎的酱、褐、青白釉瓷器在精致程度上是异常精致，很少见到粗糙的瓷器。从窑场上看，轻薄胎的酱、褐釉瓷器在窑口上十分明确，主要以宋代景德镇窑为显著特征，其他窑场很少见到。从重量上看，宋代精致的青白瓷由于选料考究，淘洗精练，胎体匀薄，将重量降到了瓷器所能承受的最轻，因此在手感上十分轻盈，这是鉴定该类瓷器的重要依据。

▲图 3-18　轻薄胎精致茶盏　宋代

瓷化程度

中国古代酱、褐、青白釉瓷器在瓷化程度上普遍比较好，从墓葬和遗址出土的器皿来看，酱、褐、青白釉瓷器的胎体完全被烧结，致密，坚硬，但瓷化程度有问题的情况亦有见，但多为偶见，并不占主流地位（图 3-19）。从概念上看，瓷化程度高的酱、褐、青白釉瓷器首先是温度特别高，胎体已经完全烧结，具有不吸水性，完整器皿敲击发出悦耳的金属声，胎体致密、坚固。从种类上看，青白瓷中已经很少见到瓷化程度有问题者，从实物观测上看主要是在酱、褐釉瓷器中出现，只是数量比较少而已。在时代上，各个时代在瓷化程度上基本相当，没有过于规律性的特征可循。从精致程度上看，瓷化程度不高或者是有问题的酱、褐、青白釉瓷器与精致瓷器无缘，主要以普通特别是以粗糙瓷器为显著特征。鉴定时要主要分辨。

▲图 3-19　瓷化程度较高褐釉瓷瓶　金代

气孔

中国古代酱、褐、青白釉瓷器胎体上有气孔的情况常见，墓葬和遗址中出土的器皿都有见，只是两极化的特征比较明显，通过观察酱、褐釉瓷器胎体横截面上有气孔的情况十分常见，这可能与胎料的选择、淘洗的精练程度等各方面都有关系，但总的来看与其民间窑场中的低档瓷的性质关系密切。而青白瓷胎体上虽然也有见气孔的情况，但显然不是很常见，被有意或者是无意地控制到了一个很好的水平，这应该与青白瓷选料精良，多使用优良的高岭土为料，温度又比较高等因素关系密切，

▲图 3-20　胎体气孔明显的酱釉瓷壶　金代

因此从胎体气孔上看，实际上青白瓷的胎体并不严重。从概念上看，气孔是由于胎体的疏松，烧造时温度过高形成，气孔的出现是一个综合的过程，与选料、淘洗、做工等诸多工序都有关系，所以在哪个方面出现了问题都会在胎体上形成气孔。从严重程度上看，中国古代酱、褐、青白釉瓷器由于烧造技术和选料多是民窑标准，特别是酱、褐釉瓷器在气孔的严重程度上有时还是比较严重，鉴定时我们应注意分辨。从形状上看，多数气孔为圆形，体积比较小，开裂自然，不规则者也有一部分。从时代上看，酱、褐、青白釉瓷器胎体气孔没有过于明显的时代特征，各个时代都有见（图 3-20）。鉴定时注意分辨。

杂质

中国古代酱、褐、青白釉瓷器胎体有杂质的现象有见，从理论上看这种现象也是不可避免的，任何胎体都不可能完全避免杂质，只能说我们的视觉观测不到而已，当然，如果视觉观测不到，我们在文物鉴定上即称为胎体匀净。从严重程度上看，胎体匀净者在酱、褐、青白釉瓷器上有见，但数量很少，而且有着严格的时代和窑口限定，一般情况下酱、褐釉瓷之上很少见，主要在宋代青白瓷上有见胎体匀净者；轻微杂质在中国古代酱、褐、青白釉瓷器之上都有见，数量十分丰富，鉴定时应注意分辨；严重杂质的情况主要在酱、褐釉瓷器之上存在，在一些较为粗糙的瓷器胎体之上常见。从色彩上看，中国古代酱、褐、青白釉瓷器杂质与胎色有一定的关联（图3-21），从发掘情况来看，洁白的精细胎体很少见到有杂质的情况，多数为胎体匀净，但随着色彩的复杂化，如灰白胎、灰黄胎等复合色彩的出现，其胎体的匀净性很难得到保障，多有杂质出现，只是严重程度不同而已。鉴定时注意分辨。

▲图 3-21　有见杂质的酱釉瓷盒　金代

艺术品特质

中国古代酱、褐、青白釉瓷器在胎体的精致程度上虽然很复杂，有很大的不确定性，但同样表现出了很强的艺术品特质，这种特质主要表现为两个方面：一是质朴的生活气息，二是民窑精品观念的确立。这两种特质基于酱、褐、青白釉瓷器的两种截然不同的胎体（图 3-22）：一种是酱、褐釉瓷在胎体上几乎表现出了惊人的一致性，在选料、淘洗、温度等各个环节，虽然未达到官窑瓷器那样的尽善尽美，但一直很稳定，以实用为显著特征，从六朝开始直至明清都是这样，这不能不说是一种质朴的情怀；二是景德镇窑烧制的青白瓷，虽然在宋元时期是一个绝对的民窑，但是景德镇窑利用得天独厚的自然条件，也就是大量优良的高岭土矿，在选料上精良、考究，淘洗上异常精练，再加之景德镇窑高超制瓷技术，使得宋代景德镇窑的青白瓷精品力作不断，有很多产品完全达到，甚至超出官窑瓷器的水平，胎体匀净、致密、匀厚、细腻、坚硬、洁白，显然达到了“内外一致”映照之美，这实际上反映了一种人们对于制作业的赤诚态度，在虔诚地烧造，并不需要光环，看来在景德镇窑民窑瓷器精品的观念已经深入人心，而这种观念显然是最贴近老百姓的。

▲图 3-22　精美绝伦的精细胎青白釉瓷茶盏　北宋

规整

中国古代酱、褐、青白釉瓷器胎体在规整程度上特征很明显，有见不规整的情况（图 3-23），但显然以规整为显著特征，不规整的现象只占总量的很少一部分，这一点从墓葬和遗址出土的器皿可以看得很清楚。从概念上看，其实规整胎体显然是一场视觉盛宴，中国古代酱、褐、青白釉瓷器的规整无法从几何学来看，更无法用弧度之类的尺寸来测量，只能以人们的视觉来判断，由于酱、褐、青白釉瓷器民窑的性质，实际上它规整与否很容易判断，因为其基本上不做掩饰，从发掘实物来看，有的青白瓷盏看起来就是歪斜的，但这种盏由于实用价值没有任何损失，所以在当时也就用来销售了。从时代上看，中国古代酱、褐、青白釉瓷器在时代特征上不明显，分布较为均衡，各个时代都有见。从精致程度上看，中国古代酱、褐、青白釉瓷器与精致程度有一定的关联，如变形的酱、褐、青白釉瓷器我们很难再说它是精致瓷器，因为变形本身就是一种缺陷，所以在精致程度上基本是以普通和粗糙瓷器为显著特征，鉴定时应注意分辨。

▲图 3-23　胎体略有变形的茶盏　元代

第四章 黄釉瓷

高岭土胎

背景信息： 黄釉瓷器高岭土和黏土掺和料并存，这是黄釉瓷器深度民间窑场的性质所决定的，从成本控制的角度出发，黄釉瓷器使用高岭土料的数量并不占绝对优势（图 4-1）。这一点我们在鉴定时要注意分辨。

▲图 4-1　白色高岭土胎黄釉瓷器标本　唐代

鉴定要点：

1、 从胎色上看，黄釉瓷器高岭土胎在胎色上比较复杂，常见的主要有红胎、粉红胎、白胎、灰白胎、褐胎、灰白泛黄胎、灰黄胎等，可见色彩种类比较多，究其原因显然是因为烧造技术的一些改变，隋代还原焰改为氧化焰，胎色由青灰变为黄色为基调，不过由于黄釉瓷器多为民间窑场烧造，使用原料多样化；另外从观念上也没有要使胎色整齐划一，所以其在胎色上自然呈现出多样化的趋势。这一点我们在鉴定时要注意分辨。

2、 从时代上看，唐代黄釉瓷器高岭土在质量上比较差，原因是其在唐代是深度民间的实用器，在用料上并不是十分讲究，高岭土用料优劣参差不齐，宋元时期持续着这一传统，因为其功能并没有多大的改变，但在明清时期当黄釉瓷器成为高贵的宫廷用瓷之后，其高岭土的用料变得异常优良，不计工本的烧造在黄釉瓷器之上开始。

3、从窑口上看，唐代寿州窑开创主烧黄釉瓷器之先河，寿州窑瓷器具有鲜明的特征，主要以釉色取胜（图4-2），烧造出了著名的鳝鱼黄和蜡黄釉，但在胎体上不是很好，特别是在选料上高岭土胎并不占优势，当然高岭土胎也不是最优质的，高岭土色彩比较复杂，偏向黄褐等色，显然这样做的目的是为了降低成本，以增强寿州窑的黄釉瓷器的竞争力，显然寿州窑取得了成功，寿州窑黄釉瓷器很快在唐代就“通销天下”，成为相当具有竞争力的一个窑场。当然在唐代还有其他的一些窑场，如肖窑同业也是这样，在高岭土胎上表现不是太好，不过这可能并不是其本意，应该是为了适应低廉的特征。河南密县窑、山西浑源窑等烧造的黄釉瓷器在高岭土胎上同样延续了寿州窑产品，在高岭土的选料上不是很精细。这一趋势直至明清时期景德镇御窑场烧造的低温黄釉瓷器的出现才得以改变，基本都使用高岭土胎，胎料优良，官窑作品几无瑕疵。看来黄釉瓷器在高岭土料的使用上显然是有了一个美好的结局。鉴定时我们要注意分辨。

▲图4-2　高岭土胎黄釉瓷器标本　唐代

4、从精致程度上看，黄釉瓷器高岭土料与其精致程度从时代上看走向了两个极端：第一个极端是唐五代、金元时期，这一时期高岭土在选料的优良程度上与其精致程几乎没有太大关系，无论是精致还是普通的黄釉瓷器在高岭土用料上差别不大，显然都不是很精细，再者以实用功能为主的这一时期的黄釉瓷器精致者很少，这也从客观上造成了高岭土料不可能像白瓷那样可以分为优质、普通、粗质；第二个极端是明清时期宫廷用黄釉瓷器的高岭土料刚好与前代实用器相反，异常精细，选料相当考究，使用的都是最优质的原料，理论上黄釉瓷器应能分为精致、普通和粗糙，但对于宫廷用瓷来讲事实上普通和粗糙者几乎没有，基本是都是精美绝伦的艺术珍品，当然这直接导致了黄釉瓷器在高岭土料上的优良性特征。鉴定时应注意分辨。

黏土料

背景信息：黄釉瓷器使用黏土及掺和料十分常见（图4-3），如泥质料、夹砂料、夹云母料、夹蚌料等都有见。由此可见，黄釉瓷器浓郁的民间窑场性质。

▲图 4-3　黏土料黄釉瓷盘　明代

鉴定要点：

1、从胎色上看，黄釉瓷器黏土胎在色彩上以红褐、橙黄、黄褐、土黄等为常见，色彩纯度不高，色彩不匀现象时有见。

2、从时代上看，黄釉瓷器黏土胎自其产生之日就有，伴随黄釉瓷器从唐初一直到元末，这一时期黄釉瓷器黏土胎现象一直都很严重，直到明清时期黄釉瓷器黏土料烧造的趋势才得到彻底改变，可以看到明清时期为宫廷烧造的黄釉瓷器基本上不见黏土胎现象。鉴定时注意分辨。

▲图 4-4　黏土料粗糙黄釉瓷器横截面　唐代

3、 从窑口上看，唐代寿州窑黄釉瓷器黏土胎者常见，虽在数量上占到了一个很高比例，黏土胎的质量一般，淘洗并不是很精练，这显然是由于寿州窑黄釉瓷器深度民窑的性质所决定的。同样肖窑黄釉瓷器在黏土胎上的特征基本与寿州窑相似，在诸多方面还达不到寿州窑的水平；河南密县窑、山西浑源窑基本上都是这样；而明清时期的景德镇窑生产的低温黄釉瓷器则基本不见黏土胎及掺和料，这显然与其官窑的性质有密切关系。

4、 从精致程度上看，黄釉瓷器黏土胎在精致程度上特征比较简单，与精致瓷器的关系并不密切（图 4-4）。因为本身黄釉瓷器精致器皿就很少，明清时期御窑场生产的黄釉瓷器又基本不用黏土料，所以黏土料主要以普通和粗糙的瓷器为显著特征。

淘洗

背景信息：淘洗是黄釉瓷器在选料之后的又一道工序，黄釉瓷器胎体的淘洗特征鲜明，精益求精者少，商业用瓷，淘洗并不是十分精练，这是主流，只是在特定的时代和窑口内所生产的黄釉瓷器淘洗异常精练。鉴定时注意分辨。

鉴定要点：

1、从胎色上看，黄釉瓷器淘洗与胎色并没有过于紧密的关联，淘洗精练者胎质通常会比较纯净，这样在胎色上就会表现出均匀的特征，但显然这只是一种理想化的状态，因为黄釉瓷器除了明清官窑生产的黄釉瓷器外其他很少见胎体淘洗精练者。鉴定时应注意分辨。

2、从原料上看，黄釉瓷器原料与淘洗的关系十分密切，可能正是因为原料选择的粗略性，这导致了主流的黄釉瓷器从唐至元代在胎体淘洗上疏忽，因为即使淘洗得再精练由于原料选择的问题效果也不会太好。但值得注意的是明清官窑黄釉瓷器不仅原料选用优良高岭土，而且在淘洗上也是精益求精，几无缺憾。

3、从时代上看，不同时代的黄釉瓷器在淘洗上有较大的区别，很显然黄釉瓷器在这一点上的表现是阶段性的，唐初至元末淘洗并不精练，而明清两代御用黄釉器皿在淘洗上确是十分精练（图 4-5）。鉴定时要注意分辨。

4、从窑口上看，黄釉瓷器淘洗在寿州窑、肖窑、密县窑等并不是很好，直至明清时期的景德镇窑这一现象才得以彻底改观，淘洗是异常精练，当然这与明清时期景德镇窑的官窑性质有着密切的关联。

▲图 4-5　淘洗不是很精练的黄釉瓷器标本　明代

5、从精致程度上看，黄釉瓷器在淘洗上与精致程度在前期并不密切，但后期较为密切，前期从时代上看唐、宋、元这几个时代，无论是寿州窑还是肖窑等由于精致瓷器几乎没有，多数为日用的粗瓷，所以淘洗精致的器皿非常少见，客观上也谈不上与精致程度的关系，或者可以说这种关系表现得十分微弱。后期明清时代由于景德镇御窑场烧造了大量的黄釉瓷器，如宣德低温黄釉、康雍乾三代的黄釉瓷器在工艺上可以说达到了一个新的水平，淘洗异常精练，其精致程度可以说件件都是精美绝伦之器，关系较为密切，淘洗不精练者几乎不见。鉴定时应注意分辨。

胎色

1、种类。中国古代黄釉瓷器在胎色上具有鲜明特征，常见的主要有白胎、灰白胎、红褐胎、砖红胎、褐胎、暗红胎、灰褐胎、灰黄胎、黄褐胎、红褐胎等色，由此可见，中国古代黄釉瓷器在胎色种类上十分丰富，组合也比较复杂，出现了众多的衍生色彩，这反映了黄釉瓷器同样是一个多元化的世界。来看两则实例：

（1）白胎

背景信息：黄釉瓷器白胎者有见，我们来看一则实例，“瓷碗Ⅰ式：2件。M1：5，白色胎”（青阳县文物管理所黄忠学：《安徽青阳县发现一座南唐砖室墓》，《考古》，1999年6期），但像这样的实例并不太常见，由此可见，传统的白胎在黄釉瓷器之上逐渐在减少。其时代和地域特征都不是太明显，墓葬和遗址基本都有见出土，但总量不大，显然未处在主流地位。

鉴定要点：

①从胎色上看，黄釉瓷器白胎显然是一种视觉盛宴，虽属单色范畴，但并不纯正，有一些偏色和串色现象，但主流依然为白胎这是无疑的。这一点与黄釉瓷器深度民间窑场的性质相吻合。鉴定时要注意分辨。

②从器型上看，黄釉瓷器胎色与器型的关系并不明显，白胎几乎涉及所有器物造型，如碗、盘、盒、瓶、壶、罐、炉、执壶等都常见（图4-6），并没有发现白胎在哪一种造型之上频繁出现的现象。

▲图 4-6　白胎黄釉瓷碗标本　唐代

③从时代上看，白胎的黄釉瓷器基本上各个历史时期都有见，如唐五代时期都有见，但数量比较少，宋金时期基本上也处于这一状态，直至明清时期白胎的黄釉瓷器显然成为主流，当然这与景德镇御窑场烧造有密切的关系。鉴定时注意分辨。

④从窑口上看，黄釉瓷器白胎与窑口的关系可以分为两个阶段，第一个阶段为唐五代和宋元时期，这一时期无论是著名的寿州窑黄釉瓷器还是肖窑等窑口在白胎上都比较少。第二个阶段为明清时期，这一时期黄釉瓷器成为宫廷御用器皿，烧造质量有了大的提高，多数精致白胎。但同时期的民间仿烧器皿有见的诸多杂色的情况，但显然已经不是第二阶段的主流。

⑤从精致程度上看，黄釉瓷器与精致瓷器的关系有两个极端，唐宋、金元时期白胎的黄釉瓷器基本上没有精致瓷器，主要以普通和粗糙的瓷器为显著特征。但在明清时期黄釉瓷器走向另外一端，基本上白胎的宫廷用黄釉瓷器与精致瓷器基本上可以画等号。鉴定时注意分辨。

（2）灰黄胎

背景信息：黄釉瓷器灰黄胎是一种复色，色彩稳定，具有独立性，贯穿于整个黄釉瓷器史，墓葬和遗址内都有见，在总量上有一定的量（图 4-7）。鉴定时要注意分辨。

▲图 4-7　灰黄胎黄釉瓷器　唐代

鉴定要点：

①从胎色上看，黄釉瓷器灰黄胎显然不以灰色或黄色为主体，而是突显出灰色与黄色的融合，灰胎与黄胎在这里以最完美的方式融合在一起，色彩较为稳定，显然已经形成了一种独立的色彩。这种胎色从某种程度上体现了寿州窑黄釉瓷器在烧造方法上将还原焰改为氧化焰，所造成的胎色由青灰变为黄色的这一过程，而灰黄胎就是这一时期典型的过渡胎色，我们来看一则实例“四系盘口壶Ⅱ式：1 件 (M:2)。胎色灰黄”（繁昌县文物管理所汪发志：《安徽繁昌县闸口村发现一座唐墓》，《考古》，2003 年 2 期）。不过这一胎色似乎成为一种固定性的特点，在黄釉瓷器之上常见。

②从时代上看，灰黄胎的黄釉瓷器时代特征明确，以唐代为最常见，宋元时期也经常有见，明清时期数量急剧减少。鉴定时要注意分辨。

③从精致程度上看，灰黄胎黄釉瓷器精致程度普遍不高，精致的黄釉瓷器基本不见，以普通和粗糙黄釉瓷器为主。

④从窑口上看，灰黄胎的黄釉瓷器寿州窑有见，肖窑也常见，河南密县窑、陕西浑源窑等也有见，实际上各个时代和窑口基本上都有见，但明清时期的景德镇窑很少见。

2、相近性。黄釉瓷器在相近性上特征十分鲜明：

纯白——灰白

褐色——灰褐

灰黄——土黄

这些色彩之间存在着一定程度的相近性，这种相近性体现了黄釉瓷器在胎色上的多元化，而且在出现的频率上呈现出较强的均衡性特征，在数量上基本相似。鉴定时应该注意分辨。

3、差异性。从色彩差异上看，黄釉瓷器胎色处于不同的色彩阶段，差异性比较大：

白胎——灰褐

灰白——暗红

灰黄——粉红

由此可见，这些色彩之间的差异性比较大，如灰黄胎和粉红的胎体基本上是相互对立的色彩，差别很大；灰白和暗红也是这样（图 4-8），可见黄釉瓷器的确在胎体色彩的变化上十分丰富，色彩处于激烈动荡和变化之中，当然这与黄釉瓷器深度民间窑场的性质是分不开的。鉴定时要注意分辨。

▲图 4-8　灰白胎黄釉瓷器　唐代

精细胎

精细胎的黄釉瓷器很少有见，但在用料上具有选料考究，使用优良高岭土料、淘洗精练、细腻致密等特点（图 4-9）。中国精细胎的黄釉瓷器有以下几个显著特点：

①时代性

②窑口性

③色彩性

▲图 4-9　精细胎黄釉瓷寿桃　明代

1、从时代性上看，唐宋时期很少见，元代更是以粗糙化著称，只是到了明清时的宫廷低温黄釉瓷器，基本上都是精细胎。鉴定时应注意分辨。

2、从窑口性上看，中国精细胎黄釉瓷器在窑口特征上十分明确，传统的瓷窑，如寿州窑黄釉瓷器等之上都很少见。主要以明清时期的景德镇窑为显著特征。鉴定时我们一定要注意这一点，但一些作伪者显然不太清楚这一点，唐宋时期黄釉瓷器胎体精致程度制作得和明清官窑一样精细，而恰恰也就是这样，给我们今天鉴定留下了重要的线索。

3、从色彩性上看，精细黄釉瓷器在胎色上特征十分明显，以白、橙、褐胎为显著特征，原因是明清时期的官窑基本上选用的都是优质的高岭土料，特别是景德镇窑由于瓷土矿的原因基本上所烧制出的黄釉瓷器都是白胎，色彩均匀，稳定，精细致极。精细胎的黄釉瓷器虽然有见，但数量远低于历史上普通和粗糙黄釉瓷器，虽然墓葬和遗址有见，但多限定在明清时期，而且以清宫传世品为主要特征。由此可见，其数量可以说罕见，这一点我们在鉴定时要特别注意。

较粗胎

中国古代黄釉瓷器中经常可以看到一些较粗胎的瓷器（图 4-10），这类胎体缺陷通常较为明显，多数黄釉瓷器横截面上可以清晰地看到杂质，杂质颗粒比较大，胎色不是很稳定，偏色和串色现象都比较严重等，而且在黄釉瓷器之上这种缺陷显然不是局部的，而通常都是通体性的，不过黄釉瓷器在胎体上的这些缺陷，显然都是由原料的选择不是很优良，甚至有很多都是掺和料所导致，但由于淘洗等诸多工序虽然谈不上精益求精，但还是比较认真，所以一般情况下黄釉瓷器的胎体多为较粗胎，能够达到粗糙层面上的胎体还不是很常见。从发掘出土的器物来看，较粗胎体的黄釉瓷器数量非常多，但在瓷化程度、规整度等诸多方面都不会有太大问题。从数量上看，中国较粗胎的黄釉瓷器在数量上规模相当大，墓葬和遗址经常有出土，以遗址出土数量为主（图 4-11），有的城址出土这类黄釉瓷器的数量多达数百上千件。鉴定时应该注意分辨。

▲图 4-10　较粗胎黄釉瓷器　唐代

▲图 4-11　较粗胎黄釉瓷灯盏　唐代

从时代特征上看，较粗胎的黄釉瓷器在时代上基本很清晰，唐宋时期最为常见，宋元时期也是主流，明清时期御窑中很少见，可以说基本不见。由此可见，官窑与民窑由于在生产上成本要求不同，所以在胎体上形成了两种截然不同的特征，我们知道官窑是不计工本，而民窑则是必须进行成本核算，在不影响质量的情况下有效降低成本，这是其生存的最基本法则。从窑口上看，唐五代、宋元时期较粗胎的黄釉瓷器不仅仅在一些大的窑场存在，如著名的寿州窑黄釉瓷器中绝大多数应该都是较粗胎体，而且在一些窑系窑场，或者是一些乡村窑场内都存在，从这一点看较粗胎黄釉瓷器在胎体粗质程度上并没有窑口之分，只是到了明清时期景德镇御窑场生产的精致用瓷中，黄釉瓷器较粗胎者绝迹。从精致程度上看，较粗胎的黄釉瓷器与精致程度有着密切的关联，其精致程度多是普通和粗糙的器皿，精致黄釉瓷器之上很少见到。

夹砂胎

黄釉瓷器胎体夹砂的情况时常有见，从发掘情况来看，黄釉瓷器胎体横截面之上常见夹砂胎，其胎体上多有明显的沙砾，有轻微夹砂和严重夹砂的情况，而且这两种情况基本上严重夹砂的情况为多见，可见黄釉瓷在胎体上并不避讳夹砂的存在（图 4−12）。从出土情况看，数量非常多，基本上唐五代和宋元时期的大多墓葬，特别是遗址都会出土，在总量上显然有一定的量，明清时期基本上可以分为两个类型，一是民间烧造的粗瓷，这类黄釉瓷器在夹砂胎体上表现比较突出，与传统几乎无异。二是宫廷烧造的黄釉瓷器精致到了极点，基本上不存在夹砂胎的情况。从色彩上看，夹砂胎在色彩上呈现出多元化发展的趋势，黄、褐、灰、白、红、粉红等都有见，来看一则实例，“黄釉牡丹花鸡冠壶，馆藏品，胎为细砂质，泛粉红色”（平泉县博物馆刘子龙、平泉师范学校王烨：《河北平泉县博物馆藏辽代鸡冠壶》，《考古》，1998 年 6 期）。由此可见，胎色有时与夹砂胎显然有一定的关联。从原料上看，高岭土料的黄釉瓷器胎体夹砂者有见，但多以细砂粒为显著特征，而以黏土为料的黄釉瓷器在夹砂胎上则多是较为严重。从精致程度上看，夹砂的黄釉瓷器与精致程度关系密切，精致瓷器基本不见，以普通和粗糙的器皿为主，尤以粗糙器皿为多见。

▲图 4−12　夹砂胎黄釉瓷器　唐代

较厚胎

黄釉瓷器胎体多有一定的厚度（图 4-13），轻薄者几乎不见，但黄釉瓷器的厚度显然是有限的，从众多的实物来看，它达不到厚重的程度，不过如果说它是略厚显然也不太恰当,从种种迹象上看黄釉瓷器的胎体厚度特征以较厚胎为显著特征，从概念上看，较厚胎的黄釉瓷器这个厚度比厚胎要薄，但比薄胎和略厚胎要厚，这显然是一个中性的概念，并且没有尺寸上的标准，而是一种视觉上的盛宴。从寿州窑黄釉瓷器之上我们可以看得很清楚，从数量上来看，具有固定化的特征，占到古代黄釉瓷器胎体厚度特征的大部，墓葬和遗址都有出土。从精致程度上看，唐初到元代黄釉瓷器由于民间性质特征，较厚胎与精致程度基本关系不大，绝大多数黄釉瓷器都是普通和粗糙的瓷器，与精致瓷器几乎无缘。不过到了明清时期，由于宫廷热衷于烧造工艺用瓷，精品力作大量涌现。从窑场上看，著名的寿州窑黄釉瓷器等诸多窑场在其胎体厚度上的特征基本上都相似，在一定程度上具有固定化的趋势，并且这一特征贯穿于黄釉瓷器始终。

▲图 4-13　较厚胎黄釉瓷碗　六朝

瓷化程度

黄釉瓷器在瓷化程度上普遍比较好，从墓葬和遗址出土的器皿来看，黄釉瓷器的胎体完全被烧结，具有不吸水性，完整器皿敲击发出悦耳的金属声，胎体致密，坚固，瓷化程度比较好。从时代上看，黄釉瓷器瓷化程度高这一特征，贯穿于整个黄釉瓷器史，从最开始的唐五代时期开始就是这样，宋元以降，直至明清，基本都这样。从精致程度上看，瓷化程度高的黄釉瓷器特征比较明显，基本上所有的黄釉瓷器瓷化程度都比较高（图 4-14）。当然这些与黄釉瓷器深度民间窑场的特征有着深刻的联系，因为黄釉瓷器都是老百姓生活当中要使用的器皿，所以瓷化程度是其必要的元素。鉴定时应注意分辨。

▲图 4-14　瓷化程度低黄釉瓷寿桃　明代

气孔

黄釉瓷器胎体有气孔的情况有见，但数量并不是很多，墓葬出土器皿比较少见，气孔是由于胎体疏松，烧造时温度过低造成的，气孔的出现是一个综合的过程，与选料、淘洗、做工等诸多工序都有关系，但主要与瓷化程度有关系，而我们知道黄釉瓷器为民间用瓷，瓷化程度相当高，所以或许人们认为黄釉瓷器质较粗，应该存在着气孔等问题，但事实上黄釉瓷器由于瓷化程度较高，所以有效成功地避免了气孔这一窑内缺陷的出现，或者说是大大降低了气孔在黄釉瓷器上出现的比例。但显然任何品种的瓷器都不可能完全避免气孔的存在，不过从总量上看，有气孔的胎体不占优势（图 4-15）。从严重程度上看，黄釉瓷器胎体有气孔的情况并不严重，从形状上看一是气孔比较小，分布极为局部，偶见整个胎体上有一两处。从时代上看，黄釉瓷器有气孔的现象在时代特征上并不明显，由于偶见性的缘故，各个历史时期都有见，但明清官窑黄釉瓷器之上基本不见。鉴定时注意分辨。

▲图 4-15　有气孔的黄釉瓷器标本　唐代

杂质

黄釉瓷器在胎体上有杂质的现象不可避免（图4-16），这是由杂质本身的性质所决定，杂质的概念非常复杂，从理论上讲任何胎体即使淘洗得再精练，也不可能完全避免杂质的存在，只能说从视觉效果上看没有杂质，不过从现实意义上讲只要是我们视线看不到胎体横截面上的杂质，从鉴定的角度上我们就认定它的胎体是匀净的，当然对于黄釉瓷器一个具有深度民窑性质特征品种来讲，在胎体上有效避免杂质对于其要求显然是过高，因为它必须顾及成本等各方面因素的影响，事实也的确是如此，从发掘出土的黄釉瓷器来看，杂质可以说还是比较严重，一是除了明清时期御窑场烧造的少量黄釉瓷器在胎体上匀净外，其他绝大多数黄釉瓷器在胎体杂质上都是常见，实质可以这样讲，就是说没有杂质的黄釉瓷器很少见。

▲图 4-16　略有杂质的黄釉瓷器　唐代

从精致程度上看，黄釉瓷器在与其精致程度关系并不密切，以寿州窑黄釉瓷器为例：

1、精致黄釉瓷器。寿州窑精致黄釉瓷器基本不见，所以也谈不上胎体杂质的问题。

2、普通黄釉瓷器。星星点点的杂质，多为通体分布。

3、粗糙黄釉瓷器。杂质颗粒较大，清晰，通体分布。

从色彩上看，中国古代黄釉瓷器杂质在色彩上特点十分明确，并未与胎色融为一体，有的看起来十分明显，串色、偏色比较严重。鉴定时注意分辨。

艺术品特质

中国古代黄釉瓷器在胎体之上表现出了其特有的艺术品特质并不是很多（图4-17），显然没有青瓷、白瓷、青花瓷等给予我们那么多直接的感悟，如选料考究、淘洗异常精练，从视觉上看几无杂质、致密、匀厚、细腻、坚硬、洁白等，这些精美绝伦的东西，而是相反，特别是在原料的选择上并不是很好，但中国古代黄釉瓷器在胎体上带给我们的更多是它的引申含义，是一种更加靠近现实的思考，换句话也可以说是一种大爱，就是它并不讲究自身的美与丑，而是一心为劳苦大众着想，为了能使每一个人都很简单地使用上餐具、寝具以及陈设和装饰用具，它并不在乎自身，而在实用的基础上最大限度地节约了成本，使这一济世思想得以实现，而本书认为这也是一种“美”的体现，因此中国古代黄釉瓷器显然反映了中国古代博爱和不求奢华的可贵思想品质，同样具有很高的艺术品特质，但这种特质需要我们在赏玩时仔细品味。

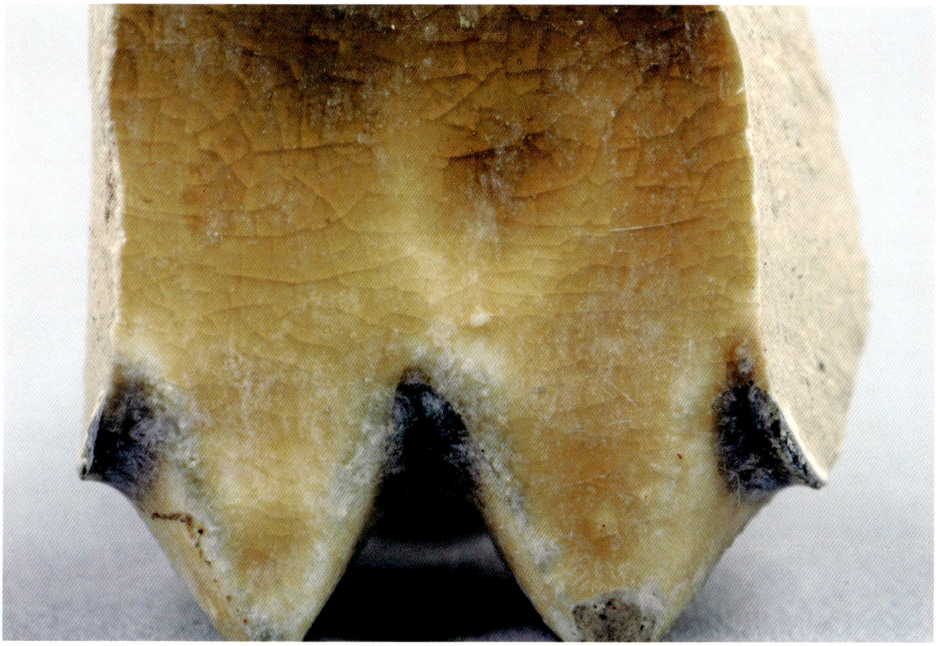

▲图 4-17　淘洗精练的黄釉瓷器　唐代

规整

黄釉瓷器胎体在规整程度上具有鲜明的特征，显然以规整为显著特征，从发掘出土情况来看，遗址和墓葬出土的黄釉瓷器，基本在胎体上都是规整的，变形的情况有见，但数量很少，基本上为偶见的状态。由此可见，虽然黄釉瓷器出身民窑，但气节高远，或许它的原料并不是很好，就像出身贫寒之人所穿衣服一样，或许不是绫罗绸缎，但相当的干净、利落，那么这个人的气节同样可以高远，同样会获得人们的尊重，而黄釉瓷器道理是一样的，除了原料外，在其他工艺上都是非常认真，虽说达不到官窑瓷器那样精益求精，但决不敷衍（图4-18）。特别是在胎体上由于还有实用的需要，所以异常的重视，多是造型隽永，不过从概念上看，其实黄釉瓷器胎体显然是一场视觉的盛宴，因为无论是当时制作它们的工匠，还是现代的我们，所观察到黄釉瓷器胎体的规整程度都不是几何意义上的，更无法用弧度等尺寸来测量，它是实际上只是人们的一种感觉而已，这一点我们在鉴定时要注意。从时代上看，黄釉瓷器胎体规矩性在时代特征上十分鲜明，显著特征是规整性非常强，各个时代基本上都相似，具有均衡性特征。从精致程度上看，黄釉瓷器所对应的精致程度特征较为均衡明显，精致、普通、粗糙者都有见。鉴定时注意分辨。

▲图4-18　器壁规整的杂质黄釉瓷碗　明代

手感

黄釉瓷器从胎体上感觉手感多是比较重（图 4-19），这一点几乎是公认的，但并没有钧瓷那样的重，亦没有官窑青花瓷那样的轻盈，这是一种感觉，但这种厚重的感觉则是直接来源于瓷器所使用的原料，以及胎体的厚薄程度，这二者显然是共生的，对于黄釉瓷器而言，显然使用的原料多为黏土和掺和料，这是其在手感上略重的原因之一，另外较厚的黄釉瓷器胎体也是其手感显重的原因，二者相加在一起，我们对于黄釉瓷器的感觉就比较重了，特别是大件的器皿感觉更为明显，碗、盘等也有一定感觉，但小件器皿感觉不是很明显，可能黄釉瓷器自身也发现了这一点，因为黄釉瓷器有很多小件的器皿，如一些小碗可把在手中，可能当时是给小孩子使用的。从时代上看，黄釉瓷器这种感觉从唐初其产生之时就是这样，宋元时期基本上没有太大的改变，明清时期传统的黄釉瓷器也没有太大的改变，但宫廷内使用的黄釉瓷器在重量上有了一些改变，由于在使用原料的优良程度以及胎体的厚度变薄等诸多因素的影响，黄釉瓷器在手感上变得轻盈。从窑口上看基本上传统的窑口，如寿州窑、肖窑、河南郏县窑和山西浑源窑等诸多窑场生产的黄釉瓷器在手感上都是较重，只有景德镇御窑场烧造的瓷器较为轻盈。但手感只是一种感觉，它需要在博物馆库房中多年时间经验才能掌握，所以从这一点上其具有一定的垄断性，因此普通的收藏者如果在没有真品的经验慎用这一鉴定要点。

▲图 4-19　手感略重的黄釉瓷碗　唐代

细腻

黄釉瓷器在细腻程度上显然不是很好，这一点从整个黄釉瓷器民间窑场性质的角度来看非常容易理解。从细腻的程度上看，细腻与原料有着密切的关系，如果选料不好，那么即使再淘洗可能也是徒劳的，或者说胎体也不能变得像汝窑那样的细腻，这一点是显而易见的，那么黄釉瓷器作为以民窑生产为主的瓷器品类，在胎料选择上不是很好，但从众多的实物来看黄釉瓷器在做工上同样遵循了求精的原则，因此从胎体横截面来看，胎体在细腻程度上虽然达不到官窑瓷器那样的细腻如灰的程度，但基本上也是细腻的，粗略的情况有见，主要是一些夹砂的胎体等，沙砾明显，颗粒状比较大，我们鉴定时要注意分辨。因此黄釉瓷器在细腻程度上如果说粗糙，也只能是略粗。从窑口上看也是这样，如寿州窑黄釉瓷器中无论是精致、普通，还是粗糙的黄釉瓷器在细腻程度上基本一致，这一观念贯穿于黄釉瓷器的始终。从时代上看，中国古代黄釉瓷器在胎体细腻程度上，唐宋、金元时期基本相当（图4-20），在细腻程度上有些问题，只有明清时期的宫廷用瓷在细腻程度上达到了最高水平，但明清时期的地方不知名的小窑场生产的黄釉瓷器，依然在秉承着传统。

▲图 4-20　胎质细腻的黄釉瓷器　唐代

疏松

黄釉瓷器中胎体疏松者很少见，只是偶有见，但与整个黄釉瓷器总量相比可以说是沧海一粟，处于非常从属地位，因为胎体疏松从概念上看，与之共生的还有许多条件，如温度、选料、选择、淘洗等都不是很好的问题，正是这些问题造成了黄釉瓷器胎体的疏松，而我们知道这与黄釉瓷器基本上搭不上关系，黄釉瓷器作为一个主流的民窑产品，最注重的应该就是胎体疏松，一旦疏松也就意味着其实用价值的沦丧（图 4-21），所以这种情况在黄釉瓷器之上很少见到，我们在鉴定时略微注意这个问题就可以了。

▲图 4-21　胎质疏松的黄釉瓷器　唐代

第五章 紫、缸胎、兔毫、油滴釉瓷

高岭土胎

背景信息：中国古代紫、缸胎、兔毫、油滴釉瓷器在胎质上多以高岭土胎为料，这一点是无疑的，黏土胎为料的情况也有，但居于辅助的地位，最为精致的瓷器都是高岭土胎，这是由高岭土胎自身的许多优点所决定的，如硬度大、延展性好、不变形等特点所决定，在选料上处于绝对主流的地位。

鉴定要点：

1、从胎色上看，不同精致程度的高岭土胎所对应的紫、缸胎、兔毫、油滴釉瓷器在胎色上有异，这点基本上是确定的（图 5-1），如唐代生产的缸胎瓷器在胎色上以白胎、灰白胎为显著特征，高岭土料比较精致，很多与烧造唐三彩所使用的高岭土料几乎一致，但也有一些其他色彩的胎色，如明清时期常见的缸胎有一些比较粗糙，在色彩上衍生性较强，如黄褐、黑褐等色都有见；像紫釉、兔毫、油滴釉瓷器在高岭土的胎色上基本呈现出的是多元化的趋势，各种各样的胎色都有见。总的来看紫定或建窑的兔毫及油滴釉瓷器最为精致者胎色较为纯正，但是随着胎色在衍生性上逐渐增强，精致程度逐渐下降，呈现出的是一种反比，这一点我们在鉴定时应注意分辨。

▲图 5-1　高岭土料洁白胎茄皮紫釉瓷器标本　清代

2、从时代上看，缸胎瓷器在唐代高岭土料的使用上达到较高水平，宋元及明清时期在质量上略逊；紫釉、兔毫、油滴釉瓷器在宋代达到最高水平，宋代之后在质量上略有下降，但宫廷所生产的茄皮子釉除外，明代以及康熙、雍正、乾隆时期烧造的茄皮紫釉由于是宫廷生产，所以高岭土在选料上非常精良，几无缺憾。这一点应引起大家的注意。

3、从窑口上看，缸胎瓷器在窑口上并没有特定的窑口在烧造，所以说窑口特征不是很明显，多数为各个窑场所兼烧，在高岭土料上各个窑场也是有所不同，紫釉瓷器主要以定窑的紫定为最好，其次是建窑的紫建，包括吉州窑生产的一些紫釉瓷器，在质量上都是比较好，景德镇窑生产的茄皮紫釉在质量上达到较高水平；油滴釉瓷器以建窑生产的油滴天目为最好（图 5–2），其他窑口和时代生产的油滴釉瓷器在质量上略逊，精品也不是很多，我们在鉴定时应注意分辨。

4、从精致程度上看，高岭土的优良程度与紫、缸胎、兔毫、油滴釉瓷器的精致程度有密切的关系，基本上就是呈现出正比的关系，就是优质的高岭土料对应的是精致的瓷器，普通和粗质分别对应的是普通和粗糙的瓷器，只是不同时代和窑口的器皿在这一点上表现具有鲜明的特征，定窑的紫定瓷器很少有见粗糙者，多以精致瓷器为主，建窑的紫建瓷器，精致者比较少，以普通和粗糙瓷器为主，精致的油滴天目瓷器数量非常少，多数以粗糙的瓷器为主，所以说实际上从整个紫、缸胎、兔毫、油滴釉瓷器的数量来看，使用高岭土料的主要还是以普通高岭土料为显著特征（图 5–3），这一点我们在鉴定时要注意分辨。

▲图 5–2　高岭土料油滴釉黑瓷标本　宋代

▲图 5–3　高岭土料油滴釉黑瓷标本　宋代

黏土料

背景信息：黏土料十分常见，早在新石器时代的陶器之上就是制陶的主流的原料，包括细泥料、夹砂料等，这些料在瓷器之上同样有见，由于瓷器是人们日常生活中用器，非常的复杂，所以我们不能以纯粹瓷器的概念来划分黏土料的器皿，如果从概念上看，瓷器成熟的标志主要有两点，一是使用高岭土烧造，另外就是温度达到一定的高度，但我们不能说黏土胎的这些器皿不是瓷器，因为它烧造的目的及用途，包括施釉的方式等都是要制作一件瓷器，只是由于成本等各方面原因的限制，所以说在用料上使用了黏土料。这一点我们在鉴定时应注意分辨。

鉴定要点：

1、从胎色上看，黏土料的胎色对于紫、缸胎、兔毫、油滴釉瓷器来讲是复杂的，实际上各种各样的胎色，如灰色、白色、青色、橙色等各种色调，以及衍生色彩都有见，这些色彩与紫、缸胎、兔毫、油滴釉瓷器在精致程度上有一定的关联，首先白色与灰白的色调在黏土胎上比较少见，青色和灰色的色调也比较少见，基本上被锁定在了橙色、黄褐等色彩的范围之内，这是掺和料的一些基本色彩，所以有的时候从胎色上也可以判断出紫、缸胎、兔毫、油滴釉瓷器是否使用了黏土料；从精致程度上看，色彩纯正的黏土料在精致程度上比较高，随着衍生色彩的发展其精致程度有一定的下降（图 5-4），这一点和高岭土料在胎色上的表现基本一致。鉴定时应注意分辨。

2、从时代上看，紫、缸胎、兔毫、油滴釉瓷器的黏土胎实际上自其产生之日起就有见，并贯穿于其整个生命历程，从比例和数量上看这些黏土胎的瓷器并没有过于规律性的特征，各时代基本上都有见，即使在最鼎盛的时代，如生产兔毫、油滴釉瓷器的建窑当中也有很多黏土胎的瓷器，这主要与黏土胎是作为日常生活当中的用具在使用有关，所以只要实用功能不减，用料差一些的产品也会被销售，由于这种原因的客观存在，所以紫、缸胎、兔毫、油滴釉瓷器中的黏土料使用一直就没有中断过。鉴定时应注意分辨。

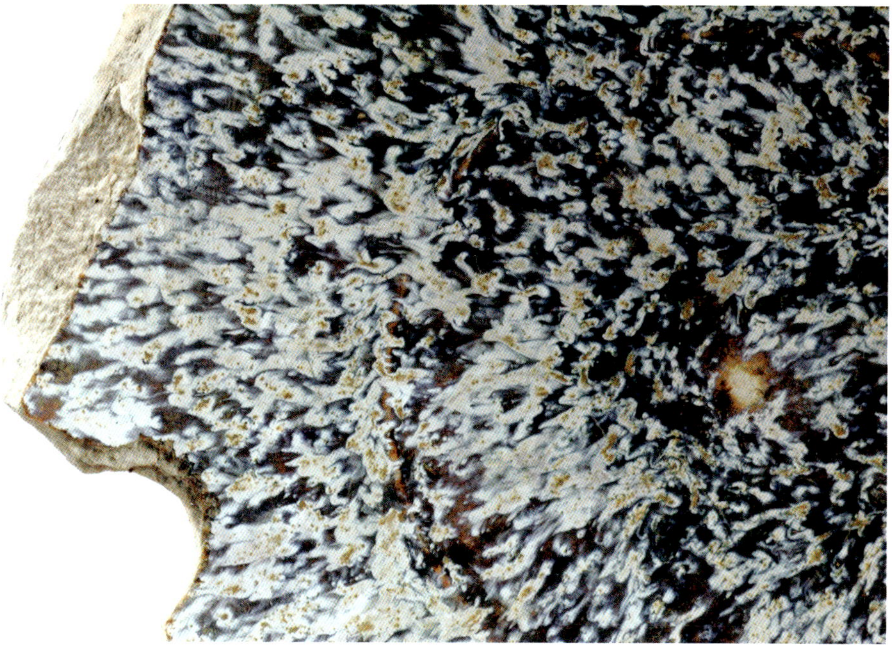

▲图 5-4　灰白胎黏土料兔毫釉瓷器标本　元代

3、从窑口上看，紫、缸胎、兔毫、油滴釉瓷器在窑口上特征比较明确，就是定窑紫定在黏土料的使用上比较少见，可以说是少到了极点；建窑的紫建瓷器也是这样，但是品种比较名贵，所以说很少见到；缸胎瓷器在黏土料上比较常见，可以说有很多器皿都是黏土料的器皿，但是缸胎瓷器在窑口特征上不是很明确，因为生产缸胎瓷器的窑口本身不明确，而兔毫及油滴釉瓷器在建窑当中黏土料的使用中精致瓷器很少见，主要以普通和粗糙的瓷器为多见，在数量上规模比较大，宋元时期、元明时期基本也是这样。鉴定时应注意分辨。

4、从精致程度上看，紫、缸胎、兔毫、油滴釉瓷器黏土胎者与精致程度的关系非常明确。精致瓷器很少见到黏土胎，这一点是明确的，多数黏土胎瓷器都是一些普通和粗糙瓷器，从比例上看以粗糙瓷器为重。鉴定时应注意分辨。

淘洗

背景信息：背景信息：淘洗是在选料之后的一道必要的工序，紫、缸胎、兔毫、油滴釉瓷器在淘洗上比较精细，其主流是精益求精（图 5-5），但是从数量、时代、窑口等特征上看诸多的特征还是比较复杂，特点也很分散，鉴定时我们应注意分辨。

▲图 5–5　淘洗精练洁白胎茄皮紫釉瓷器标本　清代

鉴定要点：

1、从胎色上看，紫、缸胎、兔毫、油滴釉的瓷器在淘洗与胎色上有一定的关联，但这种关联不是以色彩为主要区分，而是以色彩的纯正程度为显著特征，从色彩上看，紫、缸胎、兔毫、油滴釉瓷器色彩繁多，除了少量纯正的白胎之外，大多数都是一些青、灰、橙、褐等的色彩，这些胎体与精致程度的关系显然是胎体越纯正，它的精致程度越高，但是从具体的品类上看，无论是定窑的黑定还是建窑的紫建在色彩上都是比较复杂，不过明清时期的茄皮子釉在色彩上比较简单，主要以洁白胎和灰白胎为显著特征（图 5–6）；缸胎瓷器以橙色胎体及衍生色彩为显著特征，其他白色的胎体也有见，但数量不是很多，多数是普通的民间用瓷，只是在色彩上比较复杂；兔毫、油滴釉瓷器在色彩上白胎的情况很少见，从时代上看，各个时代都基本相似，鉴定时应注意分辨。

▲图 5–6　淘洗精练的灰白胎油滴釉黑瓷标本　宋代

2、从原料上看，原料与淘洗的关系比较密切，通常情况下优质的高岭土料多为烧造精致的瓷器，普通、粗质的高岭土料所对应瓷器在精致程度上有不同程度的下降，对于紫、缸胎、兔毫、油滴釉瓷器黏土胎及掺和料也是这样，非常适用，但紫、缸胎、兔毫、油滴釉瓷器在类别上不同时代也是略有区别，如紫釉瓷器在原料上的主流是精致高岭土料，如建窑的紫建、定窑的黑定包括景德镇窑的茄皮子釉瓷器等都是这样，只是这些精致器皿在数量上比较少，我们所看到的多是同时期的一些窑场所仿烧的器皿，在质量上要逊色得多；缸胎瓷器在原料上也是这样，精致的缸胎瓷器在选料上比较好；兔毫、油滴釉瓷器在这一点上没有太大的变化。

3、从时代上看，不同时代的紫、缸胎、兔毫、油滴釉瓷器在淘洗上有着较大的区别（图 5-7），从东汉六朝时期紫釉的色彩与其他有色釉融合在一起就开始出现了，如六朝时期的酱紫釉就常见，但稳定的酱紫釉出现在宋代，宋代紫釉瓷器在淘洗上比较精细，有很多同时期其他窑场仿烧者看起来在胎体淘洗上不算是很精致，紫釉瓷器在辽、金、元时期有见，但在淘洗上略显粗糙；明代景德镇窑烧制的茄皮紫釉以宣德、嘉靖时期在淘洗上最为精练，有很多是官窑的器皿，都是不计工本地进行烧造，兔毫及油滴釉瓷器在胎体上以宋代建窑为最好，但是同时期还存在普通甚至是粗糙胎体的建窑瓷器。元明清时期兔毫、油滴釉瓷器都依然有生产，但是整体在高岭土的选料上不如宋代精致。鉴定时应注意分辨。

4、从窑口上看，紫、缸胎、兔毫、油滴釉瓷器在窑口特征上比较明显，紫釉瓷器以宋代的紫定和建窑的紫建以及景德镇窑的茄皮紫釉为显著特征，由此可见，紫釉瓷器的出身比较高贵，有这几个著名的窑场在烧造它，所以在淘洗上的主流是精益求精。不过有诸多的窑口在仿烧这些器皿，因此大量的选料不精的胎体出现了；紫釉瓷器在历史上很多，缸胎瓷器在窑口上像巩县窑、耀州窑等一些烧制唐三彩的窑场中都有烧造，这些瓷器在工艺及各方面水平都比较高，在

▲图 5-7　油滴釉黑瓷标本　宋代

▲图 5-8　淘洗略粗建的窑油滴釉黑瓷标本　宋代

胎体淘洗上精益求精，但后来在元明清时期的一些窑场多烧制的是一些较粗的缸胎瓷器，这些瓷器在选料上不是很好，因为民窑使用首先要降低的就是高岭土的选料；兔毫及油滴釉瓷器从窑口上特征非常明显，特点是最精致的瓷器在建窑，普通甚至粗糙的瓷器也在建窑（图 5-8）。鉴定时应注意分辨。

5、从精致程度上看，紫、缸胎、兔毫、油滴釉瓷器的淘洗与精致程度有着一定的关联，可以说精致、普通、粗糙的瓷器都有见，但是真正精致的瓷器基本上都是一些淘洗精练的瓷器，如紫定和紫建在淘洗上都是比较精致，再者就是兔毫和油滴釉瓷器最为精致的作品在胎体的淘洗选料上都是精益求精，而大量粗糙的瓷器在选料及淘洗上并不是很精练，可以说紫、缸胎、兔毫、油滴釉瓷器当中都有淘洗不精练者，这一点也是可以理解的，如在建窑当中有很多看起来淘洗比较粗糙的瓷器，在选料上比较差，因为兔毫和油滴釉瓷器基本上是以民窑瓷器为主，它不仅生产精美绝伦的盏，也生产一般性的瓷碗，而且瓷碗的数量规模巨大，那么既然是人们日常生活中的用品，在成本上一定要有所控制，这一点可以理解。鉴定时应注意分辨。

胎色

1、种类。中国古代紫、缸胎、兔毫、油滴釉瓷器在胎色上具有鲜明的特征，常见的胎色主要有白胎、灰胎、青色胎、橙色胎、红色胎等等，显然这些胎色都是一些基本的色调，在这些色调之下还可以衍生出诸多的衍生性色彩，如深灰、暗红、黄褐、灰白等，这些衍生色彩和基本色彩共同组成了巍巍壮观的紫、缸胎、兔毫、油滴釉瓷器胎色群，由此可见紫、缸胎、兔毫、油滴釉瓷器在胎色上十分丰富，这也反映了中国古代紫、缸胎、兔毫、油滴釉瓷器在宋代的鼎盛和在元明清时期的繁荣，具体我们来看两则实例：

（1）灰胎

背景信息：中国古代紫、缸胎、兔毫、油滴釉瓷器中灰胎者常见，其时代和地域特征也不太明显，墓葬和遗址当中都有出土，总量是规模巨大，处于主流的地位。鉴定时应注意分辨。

鉴定要点：

①从胎色上看，灰胎实际上是一场视觉盛宴（图5–9），就是纯正的灰色在紫、缸胎、兔毫、油滴釉瓷器之上的表现并不明显，多是以衍生色彩为显著特征，如灰白、灰褐、灰黄等色彩非常多见，这些色彩并非纯正，

▲图 5–9　灰胎油滴釉黑瓷标本　宋代

显然说明了紫、缸胎、兔毫、油滴釉瓷器在胎色上与宋元时期顶级的瓷器有差距，如与汝窑瓷器有差距，我们知道汝窑的色彩十分纯正，以“香灰胎”为显著特征，而显然紫、缸胎、兔毫、油滴釉瓷器在胎色上达不到这一水平，这一点是可以理解的，因为紫、兔毫、油滴釉瓷器主要是作为民窑瓷器出现；缸胎瓷器在唐代主要是以橙色胎体为主，灰胎并不是它的主流色彩。鉴定时应注意分辨。

②从造型上看，灰胎的紫、缸胎、兔毫、油滴釉瓷器在造型上特征明确，几乎涉及所有的器物造型，因此在器物造型上也没有过于规律性的特征，鉴定时应注意分辨。

③从时代上看，中国古代紫、缸胎、兔毫、油滴釉瓷器在灰胎上各个时代都有见，这点是无疑的，只是它们在数量上有所差别，如唐代灰胎有见，但是数量比较少；紫、缸胎、兔毫、油滴釉瓷器在宋代较为繁荣，各种以灰色为基调的色彩都有见。鉴定时应注意分辨。

④从窑口上看，中国古代紫、缸胎、兔毫、油滴釉瓷器上的灰胎以著名的紫定为显著特征，很多是灰白胎及其他衍生色彩；另外，建窑生产的紫建也是这样；缸胎、兔毫、油滴釉瓷器以建窑生产的瓷器为显著特征，灰胎居多，其他窑口基本上也是这样；缸胎瓷器在窑口上虽然没有显著的特征，但是基本上缸胎瓷器也是以灰白或者其他的灰色衍生色彩为显著特征。鉴定时应注意分辨。

⑤从精致程度上看，中国古代紫、缸胎、兔毫、油滴釉的瓷器灰胎者从精致情况来看比较多，紫釉瓷器最为精致者为灰白胎或是较为纯正的灰胎；紫建瓷器也是这样的，虽然灰白胎少一些，但基本上都是以灰胎为衍生色彩；兔毫、油滴釉瓷器更是这样的，灰胎精致者比较多，随着色彩的衍生在精致程度上逐渐下降，相比较缸胎的瓷器与精致程度的关系相对不是很密切。鉴定时应注意分辨。

（2）橙色胎

背景信息：橙色胎体虽然不是紫、缸胎、兔毫、油滴釉瓷器在胎色上的主流，但是橙色胎体有一定的量（图 5-10），而且橙色胎体的衍生色彩具有相对的稳定性，从时代上贯穿于整个紫、缸胎、兔毫、油滴釉瓷器的历史，墓葬和遗址当中都有见，总量比较大，所以说我们在这里有必要介绍一下：

▲图 5-10　橙色胎体执壶　宋代

鉴定要点：

①从胎色上看，中国古代紫、缸胎、兔毫、油滴釉瓷器中很少见到橙色的胎体，像陶器一样具有纯正胎体的色彩比较少见，一般情况下都是以橙色胎体为主的衍生色彩，如橙黄色、橙褐色，甚至可以衍生到黄褐色等这样的胎色，这些色彩不能说是严重的串色和偏色，但也不能归入两种色彩的完美融合，而是一种带有浓郁民间民窑特色的胎色，当然，这些色彩的出现主要都是在民窑瓷器的基础之上，如紫、缸胎、兔毫、油滴釉等瓷器的出现多是在宋元时期，甚至包括明代的一些日用品器上出现，精致

▲图 5-11　普通橙色胎体双系罐　唐代

的瓷器主要以灰白胎色等为主。由此可见，从胎色上看中国古代紫、缸胎、兔毫、油滴釉瓷器主要以橙色的衍生性色彩或是与橙色相类似的色彩为主，普通和粗糙的瓷器最为多见（图 5-11）。

②从时代上看，中国古代紫、缸胎、兔毫、油滴釉瓷器时代特征鲜明，唐代在橙色胎体的色彩上主要以缸胎瓷器为显著特征，缸胎瓷器在唐代巩县窑烧制的素面三彩器上，实际上是要烧制唐三彩，只是未烧造而已，这些器皿之上橙色胎体往往比较严重，比如橙黄、橙红等色都有见。但是宋元时期最精致的瓷器不是这种橙色胎体，多数以粗糙的瓷器为主，元明以降，直至清代都是这样。这一点我们在鉴定时应注意分辨。

③从精致程度上看，中国古代紫、缸胎、兔毫、油滴釉瓷器在精致程度上普遍不高，这显然与橙色及其相近色彩在选料上以非高岭土料为主的特征有关，主要是以普通和粗糙的瓷器为显著特征，从时代和窑口上看，基本上没有过于规律性的特征，就是民窑生产的瓷器当中也有精致和普通瓷器之分，精致的瓷器多以灰白胎为主，而普通的瓷器则是以青灰色、灰褐，还有就是与橙色胎体相近的色彩为显著特征。鉴定时应注意分辨。

④从窑口上看，中国古代紫、缸胎、兔毫、油滴釉瓷器在窑口的特征上非常鲜明，紫釉瓷器主要是以宋代的定窑的紫定和建窑、吉州窑的生产为显著特征，在明清时期主要以景德镇窑生产的茄皮紫釉为显著特征，当然在茄皮紫釉当中很少见到橙色的胎体，因为茄皮紫釉多为官窑烧造，特别是明代和康熙、雍正、乾隆三朝在烧造质量上达到相当高的水平，因此说橙色胎体只是很少见。但民间有很多仿的茄皮紫釉，在窑口特征上就比较复杂，橙色胎体还是比较多见（图5-12），兔毫和油滴釉瓷器在窑口特征上还是以建窑为显著特征，建窑瓷器当中最上品者，就是其胎体基本上也是以灰白色为主，橙色及其衍生的相近色彩为辅助，这一点我们在鉴定时应注意分辨。

▲图5-12　紫釉瓷盒　明代

2、相近性。中国古代紫、缸胎、兔毫、油滴釉瓷器在相近性特征上十分明显，如：

白色——灰白

灰色——青灰

橙色——橙红

这些色彩之间存在着相当程度的近似性，从近似性上看中国古代紫、缸胎、兔毫、油滴釉瓷器在色彩上还是以通体近似为主，就是说局部、通体近似的情况都有见。白胎和灰白胎的瓷器在中国古代紫、缸胎、兔毫、油滴釉瓷器中具有鲜明的特征，主要以精致程度为区分（图 5-13），最为精致的胎体应该是白或灰白色，同时与时代和窑口有很大的关系，如白胎的瓷器，明清官窑生产的茄皮紫釉在色彩上纯正者居多，其他的窑场、时代生产的中国古代紫、缸胎、兔毫、油滴釉瓷器灰白胎的特征比较多见，如宋代定窑的紫定、建窑的紫建以及建窑的兔毫及油滴釉瓷器等，都可能有白胎和灰白胎的现象，缸胎的瓷器中灰白胎、白胎的情况很少见。这一点我们在鉴定时应注意分辨。

3、差异性。从色彩上看中国古代紫、缸胎、兔毫、油滴釉瓷器多处于不同的色彩阶段之上，差异性还是比较大，如：

白胎——黄褐

灰白——灰褐

白胎和灰褐胎体在色彩上几乎是对立的色彩，这种巨大的色彩对立性令人难以接受，但这的确是客观的现实，如最为精致的茄皮紫釉在色彩上就是白胎或者是灰白胎，另外，精致的紫釉和

▲图 5-13　灰色缸胎瓷碗　明代

兔毫釉也是灰白胎，但在同一个窑口当中出现的如黄褐胎的情况，就是用非高岭土烧造，这样的色彩反差性非常大，从数量上看，像这种具有反差性的色彩在中国古代紫、缸胎、兔毫、油滴釉瓷器当中还有很多，我们在此就不再一一介绍。

另外，中国古代紫、缸胎、兔毫、油滴釉瓷器在胎色、数量上的特征比较明确，就是紫釉瓷器的数量主要分为精致和普通两种，精致的紫釉瓷器在数量上很少见，紫定、紫建还有茄皮紫釉在数量上都非常少；缸胎的瓷器数量本身就少，它的精致与普通瓷器的分界线不是很明显；兔毫及油滴釉瓷器精致瓷器上也非常少，但是普通和粗糙瓷器之上的数量应该非常多，这一点我们在鉴定时应引起注意。

精细胎

中国古代紫、缸胎、兔毫、油滴釉瓷器精细胎的胎体经常有见，其显著特征是选料精良、淘洗精练（图 5-14），胎色以纯正者为显著特征，胎质细腻、致密、坚硬，中国古代紫、缸胎、兔毫、油滴釉瓷器精细胎者主要是受到以下几个特征的限制：

①时代性

②窑口性

③色彩性

▲图 5-14　精细胎油滴釉黑瓷标本　宋代

1、从时代性上看，中国古代紫、缸胎、兔毫、油滴釉瓷器精细的胎体主要以唐宋、明清时期为显著特征，具体是这样的，唐代主要以缸胎瓷器为多见，如一些缸胎瓷器在胎色上较为纯正，在胎体上厚薄均匀，不变形、细腻、致密、温度比较高，宋代较为多见的精细胎是紫釉、兔毫、油滴釉瓷器，缸胎的瓷器精致胎体者很少见；紫釉以紫定、紫建为显著特征；另外，兔毫和油滴釉瓷器以建窑生产的瓷器为最精致，但是其他窑场生产的兔毫及油滴釉瓷器胎体也有精细者，明清时期在胎体上比较精致的主要以茄皮紫釉为显著特征，其他的瓷器在精细胎上都不是很好，这一点我们在鉴定时应注意分辨。

2、从窑口性上看，中国古代紫、缸胎、兔毫、油滴釉瓷器精细程度与窑口的关系比较密切，缸胎的瓷器与窑口没有直接的关系，但有一些间接的关联，如烧制唐三彩的窑场有烧造的一些素面的瓷器，如巩县窑和耀州窑都有这种情况，由此可见，缸胎的瓷器也是出身名门，紫釉的瓷器更是这样，与著名定窑的紫定和建窑的紫建为显著特征，兔毫、油滴釉瓷器以建窑瓷器烧造为最好（图 5-15），吉州窑瓷器也有一些，但是在质量上略逊，在明清时期主要以景德镇窑为显著特征，景德镇窑生产的茄皮紫釉胎体最为精细，其他窑场很少见有过于精致的胎体。鉴定时应注意分辨。

3、从色彩性上看，紫、缸胎、兔毫、油滴釉瓷器中色彩与精致程度的关系十分明确，最为精致的色彩应该就是白色和灰白色的色彩，这一点十分清晰，在明清时期茄皮紫釉在胎质上达到最高水平，因为它是不计工本地烧造，在选料等各个方面都非常精细，胎色基本上以白色为主，灰白色以紫建、紫定、兔毫、油滴釉瓷器中的精品为主要特征；乌泥胎的胎色，以建窑的兔毫、油滴釉的精致作品为显著特征，由此可见，在胎色上中国古代紫、缸胎、兔毫、油滴釉瓷器主要以色彩的纯正程度为显著特征，鉴定时应注意分辨。中国古代紫、缸胎、兔毫、油滴釉瓷器在数量上虽然不能占据中国古代瓷器的主流，但在某些时代集中出现，有着特定的影响，如紫釉瓷器和紫建都是宋代著名的茶具，在宋代集中出现，另外兔毫、油滴釉瓷器也是这样，宋元时期是兔毫、油滴釉瓷器出现最多的时期，与当时中国巍巍壮观的斗茶文化息息相关。另外，缸胎釉瓷器与唐代一些随葬的器皿为显著特征，只是宋元时期直到明清时期在功能上发生了一些变化，从而导致其在数量上有所下降。鉴定时应注意分辨。

▲图 5-15　精细胎油滴釉黑瓷标本　宋代

略粗胎

中国紫、缸胎、兔毫、油滴釉瓷器最为常见的就是一些介于真正粗胎和细腻胎体之间的胎体（图 5-16），这类胎体多数有一些明显的缺陷，如可以看到有一些小的气孔，但是数量非常少，一般情况下是在胎体横截面之上存在 1—2 个小的气孔，另外，在杂质、胎色等各方面都不是像精细胎体表现的那样好，但是缺陷也并不是非常的明显，对于这类胎体我们称之为略粗胎，略粗胎从数量上看是中国古代紫、缸胎、兔毫、油滴釉瓷器在胎体数量上的一个主流，但一般情况下诸多的缺陷都不会同时出现在一件器皿之上，如果同时出现可能各种缺陷已不是很明显，只是细节上存在一些问题。中国古代紫、缸胎、兔毫、油滴釉瓷器由于是具有鲜明的民窑特征，比较讲究实用性，所以在胎体的温度、瓷化程度变形等各方面都表现得比较好。从时代上看，中国略粗胎体的紫、缸胎、兔毫、油滴釉瓷器在时代特征上比较清晰，各个时代都有见，而且数量较多，唐代缸胎瓷

▲图 5-16　略粗胎缸胎瓷碗　明代

器当中略粗胎的瓷器比例较大，除了一些少量的、有烧造三彩的窑场在精致程度上比较好之外，其他烧造的都不是很好，以略粗胎为主，宋元时期紫、缸胎、兔毫、油滴釉的瓷器在总量上也是以略粗胎为显著特征，明清时期茄皮紫釉在略粗胎上几乎不见。从窑口上看，中国古代紫、缸胎、兔毫、油滴釉瓷器具有一些鲜明的特征，紫定和紫建瓷器很少见有略粗胎者，多数为精细的胎体，但是定窑和建窑当中大多数的瓷器都还是以略粗胎为显著特征，只有少数的精致瓷器之外，其他的瓷器多数为略粗胎的情况。明代景德镇窑生产的茄皮紫釉，由于是景德镇窑的生产，所以很少见到有略粗胎的情况，但是民窑仿烧的显然在总量上远远大于明清两代官窑所烧造的茄皮紫釉，这一点我们在鉴定时应注意分辨。

夹砂胎

中国古代紫、缸胎、兔毫、油滴釉瓷器夹砂的情况时常有见（图 5-17），这一点非常的清晰，从概念上看，夹砂实际上就是一种在胎体中夹杂有沙砾的存在，主要分为有意夹砂和无意夹砂两种，从理论上任何胎体都可能有沙粒的存在，但有意夹砂通常情况下胎体夹砂颗粒比较大，而且从胎体横截面上看的确比较清楚，显然黑釉瓷器有意夹砂的情况有见，而且还比较常见，但缸胎和紫定瓷器基本上很少见，主要以兔毫和油滴釉瓷器为显著特征。另外，从精致程度上看，精致的紫、缸胎、兔毫、油滴釉瓷器在胎体中都很少见到夹砂的情况，但是对于普通瓷器来讲可能兔毫、油滴釉瓷器加入夹砂的数量比较大，紫釉、缸胎瓷器夹砂的现象弱一些，不过对于粗糙瓷器来讲，基本上夹砂较为常见，从件数特征上看，墓葬和遗址一般都会出土 1—2 件，但往往都是有夹砂的情况，由此可见，夹砂胎在总量上比较大；从色彩上看，夹砂胎在色彩上比较丰富，基本上以星星点点状的白色为主，这种白色主要以沙粒基本色彩为常见，由此可见，中国古代紫、缸胎、兔毫、油滴釉瓷器在夹砂胎体上还是比较传统，显然可以看到中国古代紫、缸胎、兔毫、油滴釉瓷器在胎体上并不避讳夹砂胎的存在；从原料上看，中国古代紫、缸胎、兔毫、油滴釉瓷器夹砂与原料有着密切的关联，普通和粗糙的瓷器经常使用一些非高岭土的掺和料，而在这些掺和料中就很有可能参入沙粒，不过此时夹砂并不是像过去那样是为了降低烧造温度而节省成本的原因，显然是一种随意和取意相结合的现象；从时代上看，中国古代紫、缸胎、兔毫、油滴釉瓷器在时代特征上比较明显，唐五代时期很少见缸胎瓷器上有夹砂的情况，多为偶见的状态，宋元时期夹砂胎的情况比较明显，紫釉瓷器在夹砂胎上偶有见，兔毫、油滴釉瓷器比较常见；从窑口上看有两极分化的特征，如建窑瓷器当中的精致油滴、兔毫釉在胎体上没有夹砂情况，但是普通和粗糙的瓷器可能夹砂的情况比较严重。这一点我们在鉴定时应引起注意。

▲图 5-17　夹砂胎油滴釉黑瓷标本　宋代

略厚胎

中国古代紫、缸胎、兔毫、油滴釉瓷器在胎体上多数是略厚，这一点是显而易见的，从紫釉瓷器上看略厚的胎体占多数，很多瓷器在胎体上都是略厚，缸胎瓷器在胎体上略厚者也常见（图 5-18），兔毫、油滴釉瓷器在胎体上略厚的情况更是常见；从精致程度上看略厚的瓷器主要以普通瓷器为显著特征，精致的紫定和紫建，包括最为精致的兔毫和油滴釉瓷器在胎体上都是向着略薄的方向发展，而并不是略厚，但精细胎体的数量比较少；从概念上看，中国古代紫、缸胎、兔毫、油滴

▲图 5-18　缸胎略厚胎瓷罐　唐代

▲图 5-19　略厚胎油滴釉黑瓷标本　宋代

釉瓷器在略厚胎上并没有尺寸上的标准，而主要是相对于造型来讲的一个中性的概念，判断的标准主要是视觉，因此略厚胎实际上为一种视觉上的盛宴，绝大多数的略厚胎的瓷器在胎体的厚薄上较为均匀，基本不见厚薄不均的现象，变形的情况也很少见；从时代上看，各个时代基本相当，包括唐五代、宋元、明清时期基本上都是这样，相对而言可能就是明清时期的茄皮紫釉在胎体上略薄一些；从数量上看，中国古代紫、缸胎、兔毫、油滴釉瓷器在墓葬和遗址当中都有见，而且是非常常见（图 5-19）；从功能上看，主要以人们日常生活当中器皿为主，如盏、碗、盒、执壶、钵、炉、罐、瓶等器皿都是比较常见，由此可见，紫、缸胎、兔毫、油滴釉瓷器在功能上的特征主要是以人们日常生活当中日用器；从窑场上看，烧造这些瓷器的窑场，如著名窑场定窑、建窑，还有景德镇窑都有烧造，但主要以非主流的窑场烧造在数量上占据主流地位，特别是一些乡村级的小窑场经常烧造这样的瓷器，我们在鉴定时要注意分辨。

较厚胎

较厚的胎体在中国古代紫、缸胎、兔毫、油滴釉瓷器当中十分常见，这一点是显而易见的；从概念上看非常明确，就是胎体比较厚，有一定的厚度，但是还未能达到像钧瓷那样非常厚重的程度，较厚的胎体总的来看也是视觉上的概念，这类胎体从数量上看墓葬和遗址都有出土，它的显著特征是精致程度，在精致程度上我们发现无论是紫、缸胎、兔毫、油滴釉，还是兔毫、油滴釉瓷器在较厚胎上比较多，这些瓷器在精致程度上多有问题，通常可以说是较为粗糙的瓷器，在宋代建窑瓷器当中就有发现这种现象，精致的建窑瓷器比较少，但是普通的建窑瓷器比较多，粗糙的瓷器也有一部分；从时代上看，主要以宋代、元明清等各个时代都有见（图5-20），但主要以宋元时期为显著特征；另外，从窑口上看，主要以建窑生产为显著特征，建窑和一些仿烧兔毫、油滴釉的窑场为显著特征，景德镇窑生产的茄皮紫釉在较厚胎上几乎不见，由此可见，较厚胎显然是粗糙瓷器的一个代名词，无论从时代、窑口以及诸多方面看都是这样。

▲图 5-20 较厚胎褐釉瓷瓶 明代

瓷化程度

中国古代紫、缸胎、兔毫、油滴釉瓷器在瓷化程度上普遍比较好，墓葬和遗址出土的器皿很少能够发现烧造温度低、没有完全烧结的器皿，多数是瓷化程度高，胎体致密、坚硬的器皿，这与其中国古代紫、缸胎、兔毫、油滴釉瓷器主要是作为人们日常生活当中的实用器有关；从概念上看，瓷化程度高的瓷器与胎体的选料、淘洗、温度等诸多环节都有很密切的联系（图 5–21），从中国古代紫、缸胎、兔毫、油滴釉瓷器的选料、淘洗等特征上看，基本上都是精益求精，达到了相当高的水平，有时胎体在选料上可能会差一些，但是在淘洗及态度上都是十分认真，即使粗糙的瓷器也是这样，因此从精致程度上看中国古代紫、缸胎、兔毫、油滴釉瓷器并不存在精致、普通、粗糙的瓷器。从窑口上看特征基本上也是这样的。鉴定时应注意分辨。

▲图 5–21　紫釉瓷器标本　清代

气孔

中国古代紫、缸胎、兔毫、油滴釉瓷器在气孔上表现并不是很明显，很多瓷器有见气孔，但并不是说非常密集、普遍，或者是气孔很大（图 5-22），多数以星星点点状态的气孔为显著特征，但一般情况下这个气孔要比针孔大一些；从视觉上看以圆形为主，其他不规则的气孔比较少见；从本质上看，气孔的出现也是一个综合的过程，与选料、淘洗、做工等诸多工序都有关系，无论在哪个方面出现了问题，都有可能会形成气孔，这实际上是一个传统的老问题，只不过是在中国古代紫、缸胎、兔毫、油滴釉瓷器之上表现比较明显而已；从精致程度上看，气孔与精致程度的关系是十分密切，一般情况下较为精致的紫定和紫建瓷器有气孔者很少，或者我们的视觉观察不到气孔的存在，像缸胎和兔毫、油滴釉瓷器在气孔上的表现也是这样的，它的气孔非常少，有的胎体横截面上我们只能发现一个气孔，也有两个等，这样的一个量，可见精致瓷器的气孔基本上可以忽略不计；但普通和粗糙的瓷器在气孔上可能会比较多一些，有的时候会发现数处有气孔的情况，还有可能就是有一些地方会有密集的情况，但总的来看随着精致程度的降低胎内气孔逐渐增加，呈现出的是反比的关系。但即使最严重的粗糙瓷器之上这种有气孔的现象也并不是特别的明显，相对于其他瓷器来讲要好得多，这一点我们在鉴定时应注意分辨。从时代和窑口上看基本上也是这样。鉴定时要注意分辨。

▲图 5-22　有气孔的油滴釉黑瓷标本　宋代

杂质

中国古代紫、缸胎、兔毫、油滴釉瓷器在杂质上特征比较复杂，这其实是由杂质本身的复杂性所决定，因为从本质上讲任何胎体即使淘洗得再精练也会有杂质的出现，但是对于中国古代紫、缸胎、兔毫、油滴釉瓷器来讲有杂质的情况变得更为复杂，就是紫釉瓷器在杂质上的表现并不严重，特别是一些主流的紫釉瓷器，如紫定和紫建以及茄皮紫釉在杂质上可能非常微小，人们几乎观察不到，因此釉面匀净的情况比较多，但缸胎瓷器在杂质上有一定的表现，从胎体的横截面上看经常可以看到一些很微小的杂质，不过主要以轻微杂质为显著特征，兔毫、油滴釉瓷器在杂质上表现得较为复杂（图5-23），精致的兔毫、油滴釉瓷器杂质少见，但普通和粗糙的瓷器在杂质上非常明显，有的杂质颗粒还比较大，在精致程度上也是随着精致程度的降低而杂质逐渐增多，严重杂质的情况时常有见；从色彩上看，中国古代紫、缸胎、兔毫、油滴釉瓷器杂质的色彩也很分散，除了少部分精致瓷器外多数没有与色彩融合为一体的概念，就是它并不避讳杂质的存在；从时代上看，中国古代紫、缸胎、兔毫、油滴釉瓷器在时代上特征不是很明显，无论是宋代还是元明清时期在杂质上都有可能有匀净、轻微，甚至严重杂质等的情况的出现，在数量上也不能给出一个确切关系，但是在窑口上这种特征是比较明显的，如紫定和紫建在胎体的精致程度上比较好，杂质很少见，还有像景德镇官窑烧制的茄皮紫釉在杂质上非常匀净，很少见到有杂质的情况。鉴定时我们要注意分辨。

▲图5-23　有杂质的油滴釉黑瓷标本　宋代

艺术品特质

中国古代紫、缸胎、兔毫、油滴釉瓷器在艺术品特质上表现出了一些独有的特点，紫定、缸胎、兔毫、油滴釉瓷器精致瓷器在胎体上表现出的是异常精练（图5-24），几无缺憾，但普通和粗糙的瓷器在胎体上特征复杂，各种各样的串色、偏色、杂质、气孔等现象都有见，这说明了一个问题，就是中国古代紫、缸胎、兔毫、油滴釉瓷器完全有能力烧制精致的瓷器，这一点从其精致瓷器之上就可以看得很清楚，但大多数中国古代紫、缸胎、兔毫、油滴釉瓷器却是在胎体上有诸多的复杂性，即一般性的胎体较为常见，原因很简单，这显然是由其消费群体以及成本所决定的，精致的瓷器如紫定和紫建包括兔毫、油滴釉等精致瓷器与宋代的斗茶文化有着很大的关联，甚至一些缸胎的瓷器也做成了执壶等较为雅致器皿的造型，用于饮茶或者饮酒，看来精致瓷器与中国古代斗茶的习俗是分不开的，这是它的一个文化内涵，用当时北宋范仲淹的斗茶歌来言，就是“林下雄豪先斗美”，而斗美自然涉及它的

▲图 5-24　精美绝伦的洁白胎青花紫釉瓷器标本　清代

▲图 5-25　精致的缸胎瓷执壶　唐代

胎体，以及它内外的一致性，不能说一个建窑茶盏它的外表非常的流光溢彩，但是它的胎体却是非常糟糕，这与宋代主流瓷器所讲究“内外一致”的心理共鸣是格格不入的，由此可见，宋代文化对于中国古代紫、缸胎、兔毫、油滴釉瓷器的影响很大。另外，中国古代紫、缸胎、兔毫、油滴釉瓷器艺术品的特质很明确，就是大众化的、实用的、朴素的艺术，或许有人认为这不是一种艺术，但是本书认为中国古代紫、缸胎、兔毫、油滴釉瓷器在胎体上会出现很多问题，就是因为它完全是一种有意识的烧造，其目的是销售给普通的老百姓或是比较穷的人，让他们享用这些器皿，无非就是胎体厚一些，胎内粗糙一些的器皿，实用的功能未受到任何伤害，但是从外表上看，有的时候我们看不到任何区别，这显然就是整个中国古代紫、缸胎、兔毫、油滴釉瓷器艺术品特质的核心内容。再者中国古代紫、缸胎、兔毫、油滴釉瓷器胎体在艺术品特质上还有很多枝节的特征，如明代和康熙、雍正、乾隆时期的景德镇窑生成的茄皮紫釉，在艺术品特质上就比较特殊，因为只要是皇家的用器，在胎体等各方面都是比较精致，是不计工本的烧造，精益求精，它的所有的瓷器外表与内胎基本上在精致程度上都是一致的，唯一缺憾就是皇家不计工本的烧造实际上也缺少了一种大众化的、更加浓郁的与人们心里共鸣的艺术品特质（图 5-25）。鉴定时应注意分辨。

规整

中国古代紫、缸胎、兔毫、油滴釉瓷器在规整程度上非常好，几乎不见胎体歪斜者，变形的情况很少见，基本上在中国古代紫、缸胎、兔毫、油滴釉瓷器当中严重变形的情况较少见到，只是偶有见略微有变形的器皿存在，这些器皿对于实用和视觉上基本上没有太大的影响，所以在当时也销售掉了，鉴定时应注意分辨。从时代上看，中国古代紫、缸胎、兔毫、油滴釉瓷器在时代特征上并不明显，各个时代基本上都有见，这显然与它的功能没有改变有关联，从唐代的缸胎到宋元时期的兔毫、油滴釉、紫釉瓷器，最后到景德镇烧造的茄皮紫釉，在功能上主要都是以实用为主，而在功能不变的情况下造型很难改变，这样它的胎体才能保持住传统的延续性（图5-26），这一点我们在鉴定时应注意分辨。另外，从窑口上看基本上没有过于规律性的特征，表现为不同窑口、主烧或者兼烧中国古代紫、缸胎、兔毫、油滴釉瓷器的窑口，在器物规整程度上都是比较好。从精致程度上看，中国古代紫、缸胎、兔毫、油滴釉瓷器规整程度与精致程度的关系并不明显，只能说是略微有一些的关联，这种关联性主要体现在其精致瓷器之上，就是精致瓷器基本上不存在胎体变形的现象，而普通和粗糙的瓷器微有变形的情况有见。从窑口上看特征比较明显，精致的瓷器很少有见，普通和粗糙的瓷器变形的情况也很少见。鉴定时应注意分辨。

▲图 5-26　造型规整的油滴釉瓷碗　宋代

手感

中国古代紫、缸胎、兔毫、油滴釉瓷器在手感上的特征比较明确，一般情况下精致的中国古代紫、缸胎、兔毫、油滴釉瓷器在手感上由于器壁比较薄，上手感觉基本上不是很重（图 5-27），如最为精致的建窑兔毫釉盏在器型的口部特征上看起来很大，但手感却非常轻，这主要与选料以及胎体的厚薄程度有密切的关系，而粗糙的瓷器在手感上就比较重，如粗糙的建窑兔毫盏和油滴釉碗等在手感上都是比较重。从时代和窑口上看，中国古代紫、缸胎、兔毫、油滴釉瓷器在这些方面并没有过于规律性的特征。鉴定时我们应该注意分辨。

▲图 5-27　手感较重的缸胎瓷罐　唐代

细腻

中国古代紫、缸胎、兔毫、油滴釉瓷器胎体在整个细腻程度上比较好，这一点从整个中国古代紫、缸胎、兔毫、油滴釉瓷器史的角度来看也是这样的。从细腻的程度上看，中国古代紫、缸胎、兔毫、油滴釉瓷器在特征上比较复杂，主要是有两极化的特征，精致的瓷器无论是紫、缸胎、兔毫、油滴釉等在手感和视觉上看都是比较细腻，但普通和粗糙的瓷器在视觉上看不是很好，而是略粗，但是由于烧造温度比较高，瓷化程度好，胎体过于粗糙者少见，从窑口上看，这一点非常的明显；从胎体的横截面看，灰白色的胎体多数细腻、手感滑润，很少看到杂质和气孔等缺陷，但是普通窑场仿烧的紫定和紫建瓷器在胎体上有粗糙化的倾向，不过这种倾向从视觉上看不是很明显；从器物造型上看，中国古代紫、缸胎、兔毫、油滴釉瓷器在细腻程度上并没有过于规律的特征，碗、盘、盏、盒（图 5-28）、瓶、罐等都有见，鉴定时应注意分辨。

▲图 5-28　紫釉瓷盒　明代

疏松

中国古代紫、缸胎、兔毫、油滴釉瓷器胎体疏松者有见，但是数量很少，几乎为偶见，主要是在一些粗糙的瓷器当中有见，较显著的特征是胎内气孔较大，而且较多。从窑口上看，主要以一些民间仿烧的紫定、紫建、茄皮紫釉为主，兔毫、油滴釉瓷器有见，从用料上主要以高岭土为料，烧造的温度也不太高，有的时候可能是一些民间土窑烧造的产品。鉴定时应注意分辨。

主要参考文献：

1、山西省考古研究所：《山西浑源县界庄唐代瓷窑》，《考古》，2002年4期。

2、黑龙江省博物馆田华、胡秀杰、李桂芹、贾凤致、王秀文：《黑龙江哈尔滨市郊发现元代瓷器窖藏》，《考古》，1999年5期。

3、南京市博物馆、雨花台区文化局：《江苏南京市戚家山明墓发掘简报》，《考古》，1999年10期。

4、福建博物院、福鼎市文体局、福鼎市旅游局、太姥山风景区管理局：《福建福鼎市太姥山宋代国兴寺遗址的发掘》，《考古》，2003年12期。

5、青阳县文物管理所黄忠学：《安徽青阳县发现一座南唐砖室墓》，《考古》，1999年6期。

6、繁昌县文物管理所汪发志：《安徽繁昌县闸口村发现一座唐墓》，《考古》，2003年2期。

7、平泉县博物馆刘子龙、平泉师范学校王烨：《河北平泉县博物馆藏辽代鸡冠壶》，《考古》，1998年6期。